重新定义并购

谷歌是如何兼并收购的

[美] 乔治·盖斯（George T. Geis） 著
阎佳 译

Tactics and Strategies Behind Google's Success

Semi-Organic
Growth
+Website

中国人民大学出版社
·北 京·

推荐序

我一直坚持这样一个观点，就是企业发展不光是经营产品、提供服务，还要做股权经营和资本运营，这就是我经常讲的两个市场、两种能力。兼并收购，国有企业还带有重组联合，这是企业发展的要义，是题中应有之义。而且随着国际化程度的加深，全球化时代的到来，兼并、重组、联合的风潮会更加波澜壮阔。企业首先在观念上要认识到时代的趋势，然后努力去适应时代的变化。要想适应时代的变化，你就要有适应的能力，获得能力的渠道之一，就是向高手学，通过人家的成败得失，获得成长的经验。人们说：吃一堑，长一智，形容经验对成长的重要性，我说：不吃堑，也长智，那是本事——别人吃了堑，你长智了，多好啊。

谷歌是全球知名企业，它在互联网领域的发展大家都耳熟能详，它在其他领域的发展大家也有了一些了解，比如说可视装备、无人驾驶汽车。可是它在很多其他领域的投资，通过并购形成的企业成长，大家可能并不熟悉，比如说高空风能发电领域、机器人领域，还有众多的涉及人类未来的产业技术。《重新定义并购》这本书揭示谷歌居然完成了200多个企业的收购，这是一个了不起的数字，别说这是外部收购，就是企业内部完成200多个吸收兼并，都是神话级的故事。谷歌除了在技术上一骑绝尘外，在资本市场上长袖善舞，它对行业的洞察，对趋势的研判，对并购的驾轻就熟，这些能力和素质都堪称楷模。

学人长，补己短。我们不能只看热闹，一阵风，然后就以自身特色为借口，拒绝学习借鉴优秀的经验。如果人家经验保密，你学不到，或者说经验不保密，但是总结不出来，你只能学到皮毛，还情有可原。但人家经验公开了，也总结出来了，如果再不学习借鉴，抱残守缺，井底之蛙，那就是自作孽了。

中国的经济成长，已经把我们推上了资本外溢之路。我们在全球范围内的兼并收购，也是风起云涌。我们现在还叫“走出去”，停留在这样的一种观念下，还紧紧束缚在产业链、价值链这些概念之下，甚至还纠缠于很多并购技术，比如说估值、投资风险、文化融合，等等，我认为都该上层次了。《重新定义并购》很好读，不会占用很多时间。企业不能总是急功近利，投机取巧，也不能总是希望有灵丹妙药，而是需要通过学习借鉴，以此来丰富自己，提升企业能力，唯有如此，才能真正实现可持续发展，才能真正实现中国梦。

祝福我们的企业，祝福我们的社会，祝福我们的祖国！

王吉鹏

仁达方略管理咨询有限公司董事长

前　言

1995 年前后，我有意构建一套方法论和相关的可视化技术，系统地分析公司收购、少数股权投资、联合和其他企业发展活动。当时，我关注的公司包括微软、英特尔和思科。

没多久，谷歌出现了。从一开始，收购似乎就在谷歌这家偶像级公司的战略性发展里扮演着尤为重要的角色。谷歌逐渐让自己变成了一家尝试性质的实验室，不光它的产品与服务是这样，它利用并购促成其进一步的目标也是这样。

我想深入理解为什么谷歌要在前所未有的层面上从事类型空前丰富的并购活动。

截至 2015 年，谷歌已经收购了大约 200 家公司。但数字背后还有着更多的故事。本书的主要论点是，公司从创办之初就为并购活动写好了剧本（我称之为半有机生长），而这一模式，成为谷歌成功的核心要素。

本书从独特的角度分析了谷歌在并购领域与众不同的专业

知识，提供的见解来自公司短暂历史里完成的多起收购。传统上，组织的收入增长分为有机（内部产生）和无机（收购带来）两种，本书侧重于介绍谷歌使用混合的半有机战略，加速产品与服务收入增长。

谷歌在快速发展期广泛开展并购，和苹果等竞争对手形成了鲜明的对比。此外，谷歌在并购领域的整体成功，与其他许多公司在企业业务发展这一方面的失败，形成了更加鲜明的对比。读者诸君定能从这家偶像级公司的并购专业知识和实践中获得与众不同的见解。

《重新定义并购》以实例说明，怎样用一套动态映射了媒体、互联网及技术平台市场的独特部门/分部门分类体系来解释谷歌的并购举动。本书绘制了 50 多幅信息图表来代表市场建模动态，帮助读者理解重要的并购维度，以可视化的方式阐述交易的方方面面。这些市场建模技术适用于任何企业。

本书考察了谷歌的并购交易结构（如估价、报酬形式等），以及谷歌对盈利能力支付协议、留任奖金等或有对价形式的运用。

但可能最重要的是，我们考察了谷歌怎样整合收购企业，从而加快产品和服务阵容的发展。

第一章介绍了构建成功并购项目带来的挑战，包括战略、经济价值、组织设计和交易变量。本章会逐一讨论上述活动，着重强调那些与积极结果相关的方法。

第二章重点介绍谷歌对 Applied Semantics 公司的收购，这是一桩有着分水岭意义的交易，它很好地体现了谷歌通过半有机生长实现营收加速增长的方法。本章介绍了 Applied Semantics 的交易史，以及并购后谷歌怎样创造了日后发展为公司内部最重要服务的 AdSense。

第三章比较了苹果和谷歌，这两家公司对并购的战略作用有着全然不同的企业理念。2012 年之前，苹果公司一直都认为，创新主要来自企业内部，十分谨慎地开展并购。相比之下，谷歌则快速地收购公司，并把买来的技术与人才视为自己创新工作的重要组成部分。

第四章介绍市场建模，包括了具备以下三个要素的相关知识块：细分市场、公司和交易。本章针对媒体、网络和技术基础设施三个领域，为谷歌建立了样品模型，介绍市场建模。

第五章重点介绍谷歌的核心业务广告。本章为媒体建立了市场模型，接着分析了谷歌在网络内容和广告等行业部门的收购。

第六章分析了谷歌为强化自己在互联网搜索领域的地位、加速打入其他互联网产品及服务领域所做的大量收购。本章建立了一套市场模型来解释谷歌的网络相关收购。

第七章解释谷歌怎样借助收购，跳出自己的核心搜索/广告业务，进入更大技术平台，创造新的产品与服务。本章探讨了与该平台所属子行业相关的收购，包括智能手机、智能家居、机器人和人工智能。

第八章重在说明，虽然历史上谷歌为并购项目开发了最为成功的技术，但也不是所有的并购交易都做得很好。本章考察了谷歌的一些流产交易，揣测了这些失败背后的原因。我们还分析了摩托罗拉移动公司（Motorola Mobility）并购案相关的得与失。

第九章考察了谷歌这样的上市公司会在什么时机公布收购。到了什么时候，公司必须公布交易估值和其他关键条款？本章的重点放在谷歌和苹果的并购信息披露行为上，探索它们选择交易公开或保密的幕后可能动机。

第十章介绍了收购方以怎样的形式偿付收购目标：累积的可自由支配现金流，发行新债券或以股票筹措现金，用自己的股票和目标公司换股，或者上述支付方式的组合。谷歌用股票收购公司的时候多不多？用股票而非现金收购的动机是什么？和苹果、Facebook 等其他大型科技公司相比，谷歌在并购交易上的偿付选择怎么样？

第十一章是要说明，对一些并购交易而言，收购方在交易结束时并未全数按价结清。此时可采用盈利能力（基于目标方达成绩效指标的能力）或有对价方式。为鼓励目标公司员工短期内留在收购方公司，还可考虑留任奖金。我们将探讨谷歌以及其他顶尖科技和媒体公司怎样运用这些或有对价形式。

第十二章强调，要想获得并购的价值，成功整合是收购的关键。本章探索了一些经典的战略维度，为并购整合提供了高层面的框架。我们考察了谷歌的半有机收购形式是怎样配合这一方案，谷歌又是怎样学会更有效地执行棘手的整合战略的。

我们还介绍了谷歌一些明显的并购整合失败案例。

第十三章着重指出，相当数量的并购活动，目的都在于支持能够提供给客户的具体产品与服务。本章以谷歌为例来说明市场模型如何映射了公司产品与服务，以及特定的收购活动怎样提高了公司的这些职能。我们还区分了收购的四种主要类型，包括旨在加速现有及新产品与服务的人才/技术收购。最后，我们探讨了谷歌若干并购案相关人员的事业发展情况：这些人创办了自己的企业，把它卖给了谷歌，努力增加谷歌服务的附加值，随后又做出了重大的事业改变。

第十四章考察的是怎样从发展并购交易的角度理解亚马逊/谷歌等竞争对手争夺对电子商务和广告市场的控制权。我们进而介绍了生态系统协同的概念，并说明这一类型的协同关系能够巩固竞争地位，为公司增加价值。我们展示了谷歌的一些收购是怎样实现上述高级协同关系的。

希望你喜欢这趟在谷歌半有机并购世界的旅行，也希望你从中有所收获！

目　录

Chapter 1

第一章

并购的成败

在基础心理学课上，康拉德·洛伦兹（Konrad Lorenz）的经典灰鹅实验吸引了许多大学新生的眼球。洛伦兹发现，在孵化后 13～16 小时这一关键期里，鹅会对自己碰到的第一个可活动物体留下深刻印象。不管那物体是洛伦兹的靴子，还是绕着圆形轨道开动的玩具火车上放的盒子，鹅都会把它当成是自己的“爸妈”。

印刻效应（imprinting）涉及学习的敏感阶段，在这一阶段，动物或人对另外的有生命或无生命物体建立起了依恋模式。商业企业也有可能在发展初期经历具有“印刻效应”的事件。

人们很早就认识到：一家企业的早期经历，对其将来发展有着持久的影响。[1]公司创办之初的惯性冲动，会持续很长时间。[2]这一最初的组织经历，有可能涉及企业发展活动。举例来说，米拉诺夫和费恩哈巴（Milanov and Fernhaber）提出证据表明，企业初始联合的经历，会影响到它日后构建联盟的模式。[3]

同样，谷歌创办之初对 Applied Semantics 的收购（2004 年上市之前），印刻在了公司的历史上，它不光让谷歌产生了对兼并和收购（M&A）的爱好，还培养了它对并购活动类型的口味。事实上，在谷歌并不算长的企业史上，它已经收购了 200

多家公司。而且，在自己擅长的并购活动类型上，谷歌取得了非同一般的成就，2012 年，它宣布自己 2/3 的收购都取得了成功[4]，比业内经常引用的收购数据要高得多。

不过，在我们考察谷歌在交易中采用的战略战术之前，不妨先来看看传统上怎样衡量并购绩效，以及并购成败最常见的部分原因。

并购活动

对任何组织来说，构建出成功的并购项目都可谓重大的挑战，可以说，比任何运营职能都要困难得多。然而，技术企业被收购的速度和体量一直令人咋舌。例如，按照汤森路透信息公司公布的数据，2014 年第一季度，全球花在技术性并购上的总金额达到 652 亿美元。这是 2000 年以来同期最大的金额。

让我们来看看，完成一笔交易必须要考虑的种种活动（见表 1.1）。

表 1.1　交易活动

战略	经济	组织	交易动态
响应机遇或威胁	估价/NPV 分析	确立整合的最优做法	设计交易，包括税收策略
判断行业地位的吸引力	确定战略	成立收购团队	参加谈判和投标
确立战略性交易系统	估算收入、成本和现金流	如有必要，融合企业文化	处理法律事务
判断交易的最优类型	判断交易带来的财务影响		参加谈判和投标

战略

首先，必须为交易构建出一套诱人的战略基础。这可能涉及响应市场里的机遇或威胁。或者，它建立在创造性的愿景构想之上：公司想在市场里建立新的地位，甚至尝试创造新的市场。例如，2013年，谷歌紧锣密鼓地收购了8家机器人公司，清楚地表明公司认为从机器人制造到安卓辅助家庭保健领域存在巨大的市场机遇。为获得成功，这种战略思想必然涉及高级管理人员的参与，但像谷歌这样的公司，也会有专门的战略人员进行分析，支持各重大业务部门（包括搜索、社交、移动和YouTube等领域）的发展。

战略还包括为并购活动确立一套系统化的方法。组织会为企业从事的几乎所有活动构建系统，从人力资源管理到供应链管理无所不包，但一般而言，对并购及其他企业业务发展活动，系统性思考往往较为滞后。也有一些明显的例外，比如罗伯特·布鲁纳（Robert Bruner）笔下的GE动力系统（GE Power Systems，后更名为GE能源集团，GE Energy）。[5]我们稍后会考察谷歌对并购采用的系统化方法。

此外，交易战略包括确定交易的最优类型。这就包括要知道什么时候收购公司不合适，而代之以设计其他形式的合作伙伴关系。例如，2003年，苹果推出iTunes平台期间，《洛杉矶时报》报道说，苹果当时有意收购当时由维旺迪集团（Vivendi）所有的环球音乐公司（Universal Music，一家全球性的唱片公司）。[6]但苹果做出了正确的决定，放弃了收购。如果收购了环球音乐，会引发与其他音乐供应商的供应渠道冲突，不利于将iTunes建设成广泛的音乐库平台。苹果公司实际上采取的做法是，从环球音乐（以及其他音乐公司）购买音乐特许权，以便建立起庞大的音乐库，方便用户使用iTunes下载。（2014年，苹果公司面临一场不同的挑战：它决定通过一场大型并购活动来维持自己在数字音乐领域的领先地位，我们在第三章会详尽介绍。）

交易的经济情况

其次，必须评估交易的经济情况。这涉及对给定的并购交易展开估值分析。有可能需要运用种种方法获得多种估值，如现金流量折现法，可比上市公司的收入或收益相关数值，过去其他并购交易的各种数值，或是创业之初这样那样的种种数值。估值指标花样繁多，并无成规。使用多种方法的目的，是让收购者大致了解交易价值的合理范围。

技术市场上的交易不乏种种令人瞠目结舌的估值，谷歌进行的部分交易也是如此。2014年，Facebook为收购WhatsApp付出了190亿美元的天价，相当于后者每名员工可拿到3.5亿美元。与之相比，谷歌虽然稍有逊色，但在收购新崛起的YouTube、Waze和Nest等公司时，也会花上10多亿美元。

这样的估值会给批评者落下口实，说该轮收购属于不理性的冲动消费，但如果目标公司的平台日后成为收购方公司发展的核心资产，同一笔交易也会被称为“神来之笔”。

协同分析是估价的重要组成部分，尽管“协同”（synergy）大概要算企业战略里滥用最厉害的字眼了。按照下面的故事，

"协同"一词在商业行话里的起源十分有趣。

J·弗雷德·韦斯顿（J. Fred Weston）是并购领域的一位巨头。[7] 1949年，他从芝加哥大学来到加州大学洛杉矶分校，在整个职业生涯里写了32本书，147篇期刊文章，许多都以并购为主题。他指导过许多优秀的研究生，包括日后的诺贝尔经济学奖得主比尔·夏普（Bill Sharpe）。2005年，我曾与弗雷德共事，在洛杉矶分校的安德森企业兼并与收购教育项目担任他的主任教员。弗雷德继续在该项目中从事教学工作。我向人介绍弗雷德，爱说他是"并购界的约翰·伍登"（John Wooden，加州大学洛杉矶分校的传奇篮球教练），这绝非言过其实。

弗雷德讲了一个故事：协同这个词是怎么在企业并购交易里运用起来的。那一年是1950年，弗雷德在加利福尼亚州韦斯特伍德，陪一个新兴行业（日后发展成了航天产业）的高管们共进午餐。弗雷德看见桌上的饮料单上推荐了爱尔兰咖啡"完美协同"（爱尔兰咖啡与爱尔兰威士忌的混合饮品）。因为不知道协同是什么意思，弗雷德回到洛杉矶分校的办公室之后查了字典，发现"协同"是两个或多个主体互动，其结合效应大于它们各自作用之和。"这就是并购应该达到的目的，"弗雷德想。于是他开始在自己的作品里用协同一词描述成功的交易，后来，这个词也成了学术和专业思想的一块基石。

谷歌的许多交易涉及要估计相信未来某一时刻将会出现的收入协同效应（revenue synergy）。谷歌的并购交易，只有很少的几桩是着眼于谷歌与目标公司合并后带来的成本节约。预期收入协同效应的大部分来自创造或提升了新产品/新服务，这是一个相当冒险的协同目标，但我们会看到，谷歌怎样考虑、怎样尝试管理这类风险。

组织设计

再次，组织设计在并购活动中扮演关键角色。例如，人们普遍理解，除非交易整合努力成功，否则付给目标公司的溢价甚或基本的报酬是会蒸发的。一些高管认为，这意味着整合工作必须尽快完成，一年之内最佳。毕竟，与收购相关的现金流存在时间价值，正现金流实现得越快，其价值也越高。

尽管部分交易适合采用快速消化的形式，但并购整合没有统一的规格。事实上，成功的整合有无数风格，有些甚至需要目标公司在交易结束后的相当长时间里保持独立。

谷歌逐渐认识到，整合没有绝对正确的路径，针对并购，公司利用多种风格进行整合，努力让交易成功。以谷歌 2012 年收购 Wildfire Interactive 为例。Wildfire 的技术能让广告商在 Facebook、Google+、Twitter、Pinterest、YouTube 和 LinkedIn 等社交网站上为广告活动造势。当谷歌收购 Wildfire 之后，谷歌的产品经理贾森·米勒（Jason Miller）发表博文："依靠 Wildfire，我们期待为客户创造新的机遇，动员各社交服务上的受众……社交网站上的曝光，能成为所有营销活动——搜索、显示、视频、移动端、离线广告，等等——的有益补充。"

为激励 Wildfire 的联合创办人维多利亚·朗森（Victoria Ransom）和艾伦·查德（Alain Chuard）继续领导该公司 400 名员工的团队，谷歌设立了一笔可观的留任奖金。Wildfire 保留独立，以便继续追求关键的企业社交营销指标，谷歌认为，暂不将 Wildfire 紧密整合到谷歌的产品群里，可以更好地实现这些指标。当然，这种整合方法不见得一定能达到预期结果，但谷歌显然认为，这么做，成功概率是最大的。

相比之下，另一些收购则立刻跟谷歌的产品群关联起来。例如，2011 年，谷歌购买了 Green Parrot Pictures，这是一家数字视频和图像处理工具开发商。Green Parrot 的技术和团队几乎立刻就补充到了 YouTube 团队当中，目标是帮助用户制作更流畅的视频，尤其是用手机拍摄的视频。

也有的收购成为了系列新产品的一部分，以便以集体面貌推出新产品。以前文提到的多起机器人收购为例。谷歌起初将这些被收购公司及其机器人计划放在硅谷老将安迪·鲁宾（Andy Rubin）手下，根据这些交易换来的技术群，探索全新机遇。

谷歌采用的整合方法，有许多更细微的地方。不少努力都获得了成功，也有少数重大的失败。我们将在第十二章着重探索整合的细节。

交易动态

最后要考虑的是并购的交易动态层面。这一层面包括了交易的条款及结构设计。交易对价是现金、股票，还是两者的某种组合形式？是否存在或有对价，也即只有当某个里程碑达成之后才支付给目标对象？针对关键人才的留任奖金是什么情况？被收购公司的员工需要重新安置，还是可以保留原位？

来看看与谷歌交易相关的一些动态问题。谷歌用 9.66 亿美元的现金收购了以色列众包绘图及导航公司 Waze。（留任奖金可能还会增加上述金额。）谷歌会运用 Waze 的实时交通信息，提升谷歌地图的技术。为了便于成交，谷歌允许 Waze 的员工留在以色列。据报道，这一让步是 Waze 决定接受收购的一个重要因素。

谷歌很少使用本公司的股票进行收购，不过，在某些关键收购（比如购买 Applied Semantics AdMob 和 YouTube）中，它也这么做过。然而，展望未来，谷歌可能在并购交易中更多地使用股票。经过 2014 年的拆股，公司可将无表决权的股票用作潜在的收购货币。

考虑上述四项主要活动（战略、经济、组织和交易动态），很明显，成功的并购活动是一场复杂的挑战。对像谷歌这样的公司来说，将成功构建收购计划转化为自己的核心战略能力，不是一件小事。

绩效评估

通常认为，企业并购成功率很低，但到底有多低，是一个存在分歧的问题。一些研究报告说，并购未能创造价值的比例是 40%～60%，另一些报告则称，失败率甚至高达 70%～90%。[8]

罗伯特·布鲁纳通过广泛的研究得出结论："并购交易中的买方必须做好失望的准备。公告收益率的分布很广，平均下来接近于 0。天下没有免费的午餐。"[9]（公告收益包括了检验交易前后时段股东异常收益的事件研究。）布鲁纳进一步断言，合并后的负绩效令人担忧，但又暗示，有必要做更严格的测试，才能就收购完成后的收益情况做出确切结论。

并购活动绩效已经得到了广泛研究，并涌现出了种种思想流派。[10]第一，财政经济派衡量交易前后时段的价值创造和股市收益。从学术思想的角度看这些研究很重要，但如果收购方是私人控股，或者参与的是相较于自身市值较小的交易（或一系列小交易），它们的作用也就有限了。而长久以来，在谷歌和其他顶尖技术公司占主导地位的都是这种小规模收购，所谓的“购聘”（acqui-hiring）做法就反映了这一情况。一般来说，购聘指的是收购一家公司以招募其人才，不管收购方对目标公司的技术、产品和服务是否感兴趣。我们将在第十三章考察购聘现象的种种形式。

第二种思想流派涉及评估战略相关性对并购绩效造成的影响。传统上，这一思想脉络主张，如果收购的内容与收购方当前的产品或市场存在相关性，成功的概率会更高。大量的证据业已显示，较之非多元化交易，如果收购的是没有相关性的多元化业务，带来的财务收益往往更低。[11]著名共同基金投资人彼得·林奇（Peter Lynch）进而创造出了一个新的词语，叫作“不当多元化”（diworsification），意思是多元化经营范围太大的组织，因为管理精力和企业资源从核心活动分散开来，有可能破坏其原有的业务。

战略相关性概念与我们对谷歌并购活动的研究关系很大。虽然该公司的许多收购目标都与其核心广告技术活动相关，另一些交易，比如谷歌 2014 年以 32 亿美元的价格收购的 Nest Labs，是一家提供智能家居用品（如智能恒温器、烟雾报警器等）的企业，或许可视为与谷歌的核心广告业务相去甚远。

不是所有借助并购实现多元化经营的企业都失败了。举个例子，伯克希尔·哈撒韦公司就一直颇为成功。随着我们探索谷歌不断扩大的市场足迹，也将对其多元化交易可能造成的绩效影响做一番评估。

第三种思想流派是用来评估包括组织行为在内的并购效力。这里有一系列问题要追问。诸如收购经验等组织变量对并购结果起到了何种作用？怎样衡量两家公司之间的文化差距，文化差距对并购成功有何影响？收购后的整合风格是什么？对收购目标的整合速度应该多快？整合到何种程度为宜？

一如前面所述，传统的观点主张快速整合。毕竟，越早根据成本和收入协同效应实现正现金流，并购对收购方的现值越高。然而，让我们来看看 Facebook 用 20 亿美元收购虚拟现实技术开发商 Oculus 公司的例子。2014 年宣布要收购后，Oculus 公司创始人帕尔默·拉吉（Palmer Luckey）惊讶地发现，公司收到了无数的不满意见，更让他目瞪口呆的是，部分员工甚至收到了死亡威胁。拉吉被迫回答了几十个问题，大都涉及自己公司被 Facebook 拥有后会对隐私造成何种影响。这桩交易，快速整合恐怕不太适合！

我们已经介绍过，谷歌对其收购项目采用各异的整合速度与风格。而且，随着该公司尝试在组织行为领域建立战略核心竞争力，它还在不停地从整合成败中汲取经验。为了取得成功，收购方采用的一切组织行为，都涉及管理层的积极求知。

目标公司的财务绩效

总体并购目标绩效数十年来一直在变化。例如，20 世纪 90

年代，平均异常收益率（同比风险水平下，高于投资者的预期收益）为 18.5%，到 21 世纪的最初 10 年，涨到了 25.1%。[12]

此外，在任何给定时间段内，收购一家公司所支付的溢价范围有着很大的差距。例如，彭博社对 2013 年第二季度做了交易采样，指出目标公司对股东支付的溢价高低有别。其中，49 桩交易支付的溢价在 0～10%之间，54 桩为 10%～25%，52 桩价为 25%～50%，19 桩达到了 50%～100%。最后，还有 13 桩交易的溢价超高，达到了 100%以上。[13]

此外，支付溢价的趋势也有涨有跌。2013 年，在交易公布之前，美国公司平均支付的溢价，仅比目标公司上市交易价高 19%。[14]按金融数据咨询公司 Dealogic 的说法，这是自 1995 年以来最低收购溢价。考虑到宏观经济状况的不确定性，高管和公司董事会变得谨慎起来。

不过，一如前文所说，不同的交易，溢价差异很大，尤其是针对快速发展的私有高科技公司所支付的溢价。（私有公司的溢价比上市公司更难衡量，但大多以最新的私有估值为基础。）WhatsApp190 亿美元的标价是其收入的近 100 倍，对此前估值也有着巨大的溢价。

收购支付的溢价到底是多少，我们不见得总能了解到。比方说，我们会在第九章看到，谷歌只公布了少数交易估价和条款。有第三方数据针对谷歌更大范围的收购做了估算。

底线是什么呢？在各行各业，并购对目标公司都是出够了钱的。但在热门的技术领域，被收购方的收益十分惊人。

收购方的财务绩效

如前所见，经典的研究结果表明，从公告收益率的分布中值接近零这一点来看，平均而言，收购方没有多少乐观的余地。因此，收购方面对一个迫切的问题：我的公司怎么做才能超过平均水平呢？

最近一项包含了大规模样本的研究，为我们带来了少许乐观情绪。如果过滤掉大型上市公司交易，以及涉及换股的交易，收购方股东可获得小幅的正异常收益率（大约1%）。[15]

并购后的收益情况，通常会分析收购完成后一段时期的现金流或营业利润。然而，这些分析存在一个重大的问题。研究涉及的时间段越长，就越有可能出现混杂因素（除了交易之外的因素）影响财务绩效。

此外，人们还无法分析如果公司并未进行该收购，绩效会怎样。为尝试解决这个问题，一些研究会比较两家类似公司（其中只有一家做了收购）的绩效。但还是那句话，造成影响的可能是不属于并购层面的混杂变量。

如果一家公司进行了一连串的收购，或者专注地开展较之其市值微不足道的小规模收购，并购绩效分析的复杂性就更上一层楼了。谷歌就是这类公司的很好例子。

总之，对收购公司绩效的研究面临着实质性的方法论障碍。牢记这一点，我们再来看相关的研究：有一项研究，分析考察了合并后绩效的26项研究，其中有14项研究表现出经营收益下滑，7项表现出正收益（但幅度不大），5项表现出（统计意义上的）大幅正收益。[16]对并购绩效而言，很难说这给出了什么确凿而明朗的研究结果。

大量研究表明，收购私人所有的企业，能实现1.5%～

2.6%的正收益。[17]较高的收益一般可归结为投标者数量有限、私人公司的资金流动性相对较低（从而带来了相关的流动性折价）等因素。但对谷歌尝试收购的靠风险资金支持的公司，应该并不适用于此类折价，因为它们还有其他财大气粗的投标人在追求。例如，据报道，苹果和 Facebook 也都对 Waze 的众包交通技术感兴趣。

有证据表明，高新技术企业通过收购规模小但有关联的公司来填补其产品线空白，实现正价值。[18]为什么成功的高新技术公司始终在收购上非常活跃，这或许就是原因之一。我们将在下一章展开更详尽的论述。

一些研究表明，长期来看，公开上市的收购方用现金进行收购交易，比使用股票效果更好。[19]这种现象的合理推测是，如果收购方的高管们相信自己公司的股票估价过高，往往选择使用股票。[20]故此，不足为奇，收购之后，收购公司的股票价格会下跌。(通常认为，美国在线和时代华纳的换股合并，是这一现象的经典例子。)

另一方面，一家公司也可能真诚地相信自己的股票是一种有吸引力的货币（自然也不存在高估），并利用它的魅力来争取目标企业，达成交易。以谷歌为例，它曾用股票换购的方式收购 YouTube，此时收购方和目标对象都认为谷歌的股票是一种理想的可取的货币。

谷歌买下 YouTube 这样的收购案例，成为“优秀的收购方用现金做交易”的反面例证。赫德和迈克玛纽斯（Herd and McManus）[21]进一步指出，“从历史上看，如果收购方相信自己的股票遭到高估，就会一直热衷于用股票来为交易融资。但在过去 10 年，他们已经认识到，在一个信贷充足且廉价的时代，股票往往比现金更可爱。”

考虑到这些情况，我们可以得出结论：对不同的收购方而言，在并购交易中使用股票的动机各有不同。如果收购方认为自己的货币就跟魏玛共和国时代的德国马克一样恶性通胀，他们会选用股票。但使用股票，同样也可能意味着交易十分重要，收购方希望向目标公司展示自己愿意把这一双方都相信具有极大升值潜力的投标献出以表诚意。

当伯克希尔·哈撒韦公司使用自家股票，释放的信号就是，它认为这一收购具有特殊的价值。沃伦·巴菲特曾在一场股东会上解释交易中使用股票的问题，他打趣说：“查理［·芒格］和我对用股票这件事的看法，就跟准备进行结肠镜检查一样。”

或许，对收购方而言，并购的财务绩效并非关键。各个公司的平均收益率恐怕都不怎么令人兴奋。但真正的问题是，一家公司怎样超过平均水平呢？公司怎样才能让绩效挤入强者之列（如最靠前的 1/4）呢？公司怎样才能通过并购建立核心战略优势呢？贯穿本书，我们将以谷歌对这些问题的解答，探讨可汲取的经验。

并购失败的原因

除了提供理解并购成功的背景条件，我们也想强调并购失败的三大原因。不足为奇，这三个原因跟前文讨论的并购活动领域紧密相关。

战略缺陷

收购的战略理由必须合理地建立在公司核心竞争力之上。发展机遇应当以公司具有独特优势的领域为中心，而非明显的短板领域。想靠并购解决公司的问题，就如同想用婚姻解决两个麻烦重重的人的麻烦——不大可能。

让我们来看看下面这个例子。如果产品或服务无法清晰地提供价值，不具备行销流通的能力，想利用收购性流通渠道来解决问题的可能性就不高。[22] 1987 年，个人计算机时代到来之初，雅达利（Atari）努力想说服零售商销售自家的个人电脑。为解决这个问题，雅达利当时的董事长杰克·特拉梅尔（Jack Tramiel）斥资 6 730 万美元买下了联邦集团销售类电子产品连锁店（Federated Group chain of consumer electronics stores）。特拉梅尔以为，联邦集团在加利福尼亚州、亚利桑那州、得克萨斯州和堪萨斯州有 65 家门店，一定能成功卖动电脑。

其他零售商不愿意售卖雅达利的机器，因为消费者认为雅达利是家电视游戏制造商，不是严格意义上的个人计算机供应商。但雅达利利用新买下的流通渠道，把自己的计算机放在了联邦集团门店的黄金销售位置。然而，雅达利和联邦集团很快垮台了。正如谚语所说，把两条漏水的独木船捆在一起，不可能提高浮力。

公司的业务发展努力要取得成功，必须跟公司的核心竞争力联系起来，而不是去解决公司的根本缺陷。

过早进入市场，是严重缺陷战略的另一个源头。美国在线和时代华纳尝试创造世界上第一家全球数字媒体的愿景非常宏大，可时机没到。许多人认为这是有史以来最糟糕的企业合并，原因很多，最突出的一个原因就是战略时机有问题。说到底，2000 年，美国的宽带容量尚处于起步阶段。

花钱太多

一如无数的因素都可能带来并购战略缺陷，多花了钱的原因也有很多。高估协同效应是一种最常见的高买驱动力。

回想一下弗雷德·韦斯顿在餐厅饮料单上看到爱尔兰咖啡时想起用“协同”一词称呼并购活动的故事。不足为奇，企业高管们有可能会为交易带来的协同效应（尤其是收入协同效应）感到陶醉。这也就难怪，华尔街相信，就财富创造渠道而言，成本协同效应比收入协同效应更重要。他们在估价时也秉持这一原则。在他们看来，收购方更容易控制成本协同效应。收入协同效应大体上是个幻想。

不过，了解怎样建立收入协同效应，能让一家公司赚到好名声。事实上，谷歌的交易里，以通过协同效应减少成本为目的的很少。谷歌运用并购实现半有机生长的能力，来自它在组织层面上不断地学习如何混合现有及新收购的资源，创造收入协同效应。

所谓的“赢家诅咒”现象，与高估协同效应相关。[23]简单地说，赢家诅咒指的是，拍卖中，中标人往往会多付钱。

想想我在加州大学洛杉矶分校高管项目里做了无数次的一

个实验。它名叫水瓶实验。把一堆钱放到水瓶里，包括若干纸币，5 元的、10 元的，或许还有几张 20 元面值的。接着让参与者投标水瓶里的钱。中标人要照着自己的投标额出钱，同时得到水瓶里装的钱。我多次主持过这一实验，只有一次是胜出的中标人真的赚到了。所有其他投标人都中了赢家诅咒，付出的钱高于水瓶里所装的钱。

巴菲特在伯克希尔·哈撒韦公司的年报里描述自己的收购标准时这么说："我们不参加拍卖。"无疑，"赢家诅咒"是其中的一个原因。

整合风格与步伐

一如前文所述，交易成本带来的现金流提高越快，或是越早实现收入协同效应，其现值就越大。对于某些交易而言，这绝对恰当。此外，快速整合能带来组织透明度，将公司利害相关人（包括员工、顾客等）内心的不确定性降到最低限度。但对另一些交易而言，快速将目标公司吸收到母舰中，会变成催化剂，让从交易中所得到的关键人力资产离职，或是影响其最佳绩效。

霍尼韦尔航空航天集团（Honeywell Aerospace）从严格控制（尤其是国防相关业务）的需求出发，一贯快速而高效地将收购所得的人员、资产和系统吸收到母公司中。但有一次，它发现自己收购的一家企业里隐藏着一处绝妙的卓越中心，霍尼韦尔意识到，把该单位所拥有的创新人才和独特技术优势拆分掉会是个大错误。于是，公司不光将该单位保留了下来，还努力在企业上下培养其能力并加以扩散。

类似地，如果迪士尼公司把皮克斯吸收到现有的迪士尼动画业务当中，也会完全适得其反。让皮克斯的人才、技术和文化渗透到迪士尼，通过多层次的丰富融合，让皮克斯充当主要元素，创造出全新的迪士尼动画业务，这样做效果好得多。

整合风格涉及确认整合框架战略的关键维度。例如，我们在这一部分已经讨论了三种风格：吸收、保留和融合。我们将在第十二章更充分地说明这些及其他的风格。

整合步伐涉及特定风格的整合应该在什么时机进行，以及什么时候（有必要）修正这一风格。整合步伐还包括，要意识到目标公司的人才、技术和独特业务功能有必要在不同的时间点进行整合。

究其核心而言，半有机生长就是高度风格化地将现有内部能力和收购的外部资源混合起来。这种生长需要巧妙地进行整合设计，巧妙地推进执行，才能成功。

半有机生长：开端

研究发现，对大多数公司而言，并购并不创造价值，但谷歌（显然是过去 10 年最成功的公司之一）却是最热衷进行并购交易的。

尽管热衷从事并购活动，谷歌成功了吗？谷歌的领导者只是在拿一家有着丰富现金的公司参与蒙特梭利式的“找不同”实验吗？还是说，谷歌的大部分交易以战略设计为动力，真的带来了价值，哪怕向目标公司支付了巨额溢价？

许多研究认为，在高科技领域，并购交易是必要的，为了成功，公司必须将业务发展的重要性，与产品开发、营销，或者任何其他运营方面等量齐观。[24]这一论点的依据如下：

● 技术变化的速度迅猛，意味着必须大刀阔斧甚至有舍弃地管理资产。

● 高科技市场往往是赢家通吃，网络效应能带来持续 10 年甚至更长时间的主导地位。（比如微软的办公软件，谷歌的搜索，苹果的消费类电子产品。）即便如此，公司仍然必须果断地采取行动才能维持这一地位，交易能用较短的时间为公司带来所需的人才或技术。例如，谷歌至少进行了 10 次收购，均与改善搜索技术具体相关。微软为构建 Office 办公套件的核心开展了无数次的收购，包括以 1 400 万美元买下 Forethought，把 PowerPoint 变成了公司自己的。

● 并购交易不可或缺，和研发同样重要。当然，这两种活动都存在普遍的失败风险，但发展中的技术企业不应该因为存在这种风险就对需要的东西束手束脚。

● 高交易量可以把并购诀窍融入组织的 DNA。最忙碌的外科医生有可能也是最出色的外科医生。同样道理，诸如确认收购目标、股价、尽职调查、整合等微妙的并购知识也会随着时间累积起来，提高交易的成功率。

如果一家公司很幸运，在早期交易中就击出全垒打，便会出现并购印刻效应。让我们来看看这种效应在谷歌身上是怎么发生的。

最初的印刻

2003 年 4 月，谷歌以 4 150 万美元的现金收购 Applied Semantics 公司，外加价值 6 090 万美元的股票及期权。这次收购是在 2004 年谷歌上市之前进行的。Applied Semantic 的 45 人团队及其核心技术（AdSense），是谷歌历史上最出色的一轮收购。AdSense 技术扫描页面内容，显示相关广告，能将文本广告置入整个互联网。

其后 10 年，AdSense 保持增长，贡献了谷歌 25%以上的广告收入，大约 130 亿美元。随着技术的发展，Applied Semantics 的团队，和其他谷歌工程师在相关的技术上合作，携手让 AdSense 成为谷歌付费广告平台的基石。（AdSense 的增长率从 2013 年开始逐渐放缓，但该技术仍然是谷歌广告服务的核心。）

本书中将用大量的信息图来揭示相关交易信息，图 1.1 中的信息图就是其中的第一幅。公司用行业图标来代表，谷歌用搜索图标，而 Applied Semantics 则用了广告行业的图标。这幅图比较简单，不过，后文我们将看到更加复杂的信息图，它们能提供一些反映过去和未来潜在业务活动的有意义的模式的见解。

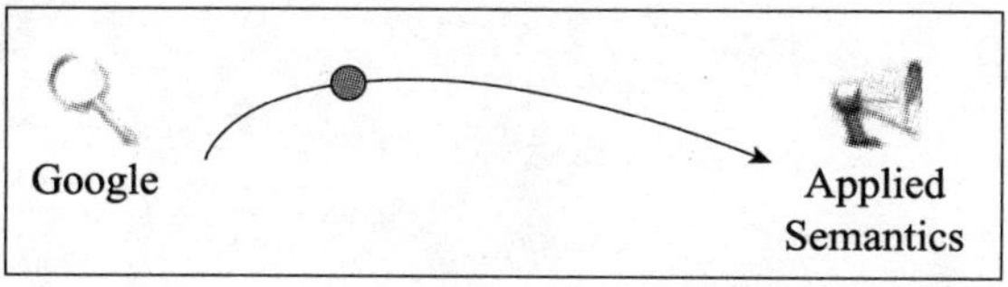

图 1.1　谷歌收购 Applied Semantics

收购 Applied Semantics，谷歌获得了包括专利、技术和人员在内的关键资产，极大地有利于自己旗下一条重要产品线的收入提升。但或许更重要的是，我们接下来要看一看，这桩交易怎样在谷歌身上打上了印刻，影响了它持续至今的并购活动理念。

Chapter 2

第二章

半有机生长的印记

吉尔·埃尔巴兹（Gil Elbaz）1991年从加州理工学院毕业，在IBM、Sybase和Silicon Graphics等公司从事数据工程方面的工作。他逐渐相信自己的未来是在数据科学领域，1997年后，吉尔和同事亚当·韦斯曼（Adam Weissman）在加利福尼亚州好莱坞山的家里创办公司，也即日后的Applied Semantics（ASI）。

埃尔巴兹和韦斯曼最初有意开发的搜索引擎，聚焦于概念，而非关键字。[1]在朋友及家人的支持下，两人成立了Oingo。他们还为语义搜索申请了专利，事实证明，这项专利（还有其他几项专利）将变得大有价值。

Oingo成立后没多久，谷歌公司也在苏珊·沃西基（Susan Wojcicki）地处门洛帕克的车库里启动了。沃西基1998年毕业于加州大学洛杉矶分校安德森商学院，在门洛帕克买了房，为筹资偿付按揭贷款，她把车库租给了斯坦福大学学生拉里·佩奇（Larry Page）和谢尔盖·布林（Sergey Brin）。苏珊不仅在谷歌的早期历史上扮演着重要角色，谷歌从页面搜索扩展到广告领域，她也是背后的推手。而这一扩展努力的结果，就是谷歌和ASI的结合。

在语义搜索上探索了一阵之后，埃尔巴兹得出结论，人们更喜欢上谷歌搜索，便和韦斯曼切换了档位，专注于互联网广告技术。他们申请了另一专利，涉及一套以概念为基础的广告系统。2001 年 5 月，公司名称由 Oingo 改为 Applied Semantics，以便“更好地反映 Oingo 调整了商业模式”。

ASI 在一系列白皮书中阐述了它所谓的 CIRCA 技术（CIRCA 是“Conceptual Information Retrieval and Communication Architecture”的缩写，意为概念信息检索和通信结构）。他们描述该技术“从网站和信息库中以模仿人类思维的方式”理解、组织、提取“知识”。

Applied Semantics 在一套名为 AdSense 的系统中采用了这一技术，客户公司可以按网页广告（基于 AdSense 执行的“检测”分析放置）带来的点击量得到广告费。[2]

在谷歌内部，苏珊·沃西基认为，谷歌应该采用类似 Applied Semantics 的策略，拓展搜索广告领域。沃西基和其他人相信，整个万维网都将变成谷歌广告的天下。网站负责设计内容，接着让谷歌来判断它最适合什么样的广告。

但是，Applied Semantic 及其专利似乎挡住了谷歌选择的这条路。

Applied Semantics 交易

2003 年出现了一个探索谷歌和 Applied Semantics 之间做交易潜力的大好时机。ASI 跟 Overture（另一家按位置付费的搜索服务商）的独家生意到期了。谷歌正独立开发代号为“菲尔”的网页关键字匹配技术，很希望开始在整个互联网的内容页面投放广告。

为建立更友好的战略伙伴关系，Applied Semantics 跟 Overture 开了一次会，可 Overture 的态度不冷不热，于是，ASI 向山景城的谷歌伸出了商业机会的橄榄枝。虽然吉尔·埃尔巴兹认识谢尔盖·布林，却还是害羞地等拿到正式邀约，才向谷歌提起这笔买卖。

布林对这笔交易很热心，在会上，他听到 Applied Semantics 形容这是个“价值 10 亿美元的机会”，当场满怀激情地把数字翻了个倍，改为“价值 20 亿美元的机会”[3]。

2003 年 4 月 23 日，谷歌宣布收购 Applied Semantics。布林在一条帖子里表示：“Applied Semantics 是语义文本处理和在线广告方面当之无愧的创新企业。此次收购能让谷歌创造出新的技术，让在线广告对用户、内容发布商和广告客户都变得更加有用。”

据谷歌稍后向证券交易委员会提供的 S-1 申请，对 Applied Semantics 的收购价总计 1.024 亿美元，包括 4 150 万美元的现金，以及价值 6 090 万美元的股票及期权；这其中有 8 420 万美元划为商誉。在当时，这是谷歌最大手笔的收购。

Applied Semantics 的投资人希望兑现，不太想要私营高风险技术公司的股票。吉尔·埃尔巴兹和同事们却对交易价格有着很不一样的看法。吉尔把自己看作是股民，他领悟到了谷歌的巨大潜力。由于当时谷歌的估值约为 60 亿美元，交易中涉及的股票和期权大约相当于谷歌价值的1%。埃尔巴兹毫不犹豫地接受了报价中的股票部分。

2014年，1%的谷歌的市值相当于数十亿美元。而当年布林满怀激情地宣布能实现的20亿美元收入机会，眼下每年能带来100亿美元。大约200万内容发布商使用着AdSense，谷歌则自豪地宣告，每月向自己的广告合作伙伴发放近10万张支票。

AdSense的诞生

Applied Semantics公司45人的团队，现在是谷歌的一部分，但并未从设在加州圣莫尼卡的原址搬离。谷歌把Applied Semantics朗朗上口的名字用在了自己的新广告产品上。谷歌的产品就是AdSense，随后的几年，谷歌和来自前ASI公司的工程师们一起对该技术做了多次提炼修改。AdSense软件将扫描数百万网页页面。解析内容后，它可以告诉企业在特定的页面上投放什么类型的广告效果好。

虽然当时还没人使用购聘这个词，但购聘却实实在在地发生了，谷歌对半有机生长的运用，即将点燃收入增长的火焰。

正如我们在第一章所指出的，购聘指的是收购一家公司以招募其人才的过程，不管收购方对目标公司的技术、产品和服务感不感兴趣。就ASI这一案例而言，谷歌对人才和技术都很感兴趣。

让我们来看看收购Applied Semantics带来的附加值：

- 人才。谷歌新增了一批从事网页内容广告投放工作多年的顶级工程及管理人才。
- 技术。ASI在2002年推出AdSense，利用其CIRCA技

术提取网页上出现的核心概念。

- 知识产权。ASI 已获得 CIRCA 的相关专利。如果谷歌推出自己的技术进行内容广告，它很有可能要面对重大的知识产权障碍。

- 客户群/销售。收购之时，ASI 是一家有着可观客户群的盈利公司。

- 地区立足点。ASI 在圣莫尼卡的办公室，不光成为了谷歌在洛杉矶地区的办公室，还成为谷歌在该地区招聘人才、扩大实体存在感的基地。

虽然，新 AdSense 主要采用的是谷歌自己的技术（“菲尔”）还是 ASI 的 AdSense，这件事存有争议，但它不应该是焦点问题。随着 AdSense 不断更新和改版，来自两家公司的技术混合了，新谷歌和老谷歌的工程师们通力合作。[4]

前谷歌经理亨特·沃克（Hunter Walk）说：“Applied Semantics 的团队和技术，都有助于提升 AdSense 这一产品，迄今为止，它每年仍为谷歌带来数十亿美元的收入。”[5]

一言以概之，谷歌合并了 ASI 的人员、技术和其他资产，在文本广告领域获得了巨大的收入增长。谷歌体验到了半有机生长的威力。

半有机生长的独特之处

在商界，有机生长跟种植有机水果蔬菜没什么关系。有机生长指的是，从内部培育企业的现有业务，或是从内部开发新的业务线。

例如，一家组织可以选择培养内部的销售及营销队伍，构建库存系统以提升销量，通过内部研发或其他手段创造新的产品或服务，实现内生增长。21 世纪的最初 10 年里，苹果公司基本上是有机生长的典型案例，因为它独立开发了 iPod 音乐播放器、iPhone 手机和 iPad，没有进行重大的收购活动。

无机生长指的是一家公司收购另一家公司，销售目标公司的产品或服务，以增强自己的发展。此类型的生长主要是来自收购方外部设计的产品线。

很多时候，投资者发现，为分析一家公司的可持续发展潜力，有必要区分有机销售生长和无机销售生长。

尽管谷歌进行过大量的收购，到 2012 年 12 月以前，它的年度损益表上只有一条收入线。它并未尝试区分有机生长和无机生长。直到收购了摩托罗拉移动公司之后，它的损益表上才有了第二条收入线项目。

但一如我们所见，谷歌把 ASI 收购中带来的人员和技术，跟谷歌既有的资源混合起来，获得了可观的收入增长。

换言之，谷歌的大部分生长是半有机的。如果收购来的技术相关资产，跟公司既有的产能可以互为补充地结合起来，带来了新的产品或服务收入，这就是半有机生长。ASI 收购案清晰地阐释了何谓半有机生长。

半有机互补

互补性是激发半有机生长的关键。让我们来看看鲍尔和梅茨勒（Bauer and Matzler）的研究成果：“尽管主导逻辑是战略相似性促进价值创造，但基本的论点是互补的差异对并购成功更为关键。”[6]作者们进而指出，为获得效益型协同效应（如规模或范围），相似性往往更为重要；互补性则可以带来效益协同效应，并得到互为支持的差异所创造出的价值。

能产生健康经济性的互补性收购，是半有机生长的重要元素。

有时候，一桩收购带来了多种互补健康发展的机会。以 2014 年谷歌收购 DeepMind 为例。DeepMind 是一家人工智能公司，为各种各样的应用（包括电子商务所需要的推荐系统）开发学习算法。该公司由神经科学家戴密斯·哈萨比斯（Demis Hassabis，大师玩家）、扬·塔林（Jaan Tallin，Skype 和 Kazaa 的开发者）和肖恩·利格（Shane Legg，研究员）共同创办。

图 2.1 中的信息图将 DeepMind 放在了 2013 年谷歌所做的一连串机器人收购的大背景之下。谷歌要怎样运用 DeepMind 的人才和技术，目前还不完全清楚，但机器人肯定是一个潜在的互补领域。

自 1958 年达特茅斯会议上马文·明斯基（Marvin Minsky）等人为人工智能（AI）命名、借着研发势头推出这一概念以来，这一领域已经历过若干轮繁荣与萧条的周期。该技术的昂扬乐观主义时期已让位给了 AI 寒冬。

但 2014 年，AI 之春再次降临。谷歌对 DeepMind 的收购价据估计在 4 亿美元到 6.25 亿美元之间，这反映出它在多个业务部门对 AI 的潜力产生了新的信心。

早在收购 DeepMind 之前，谷歌就对人工智能展开了全力以

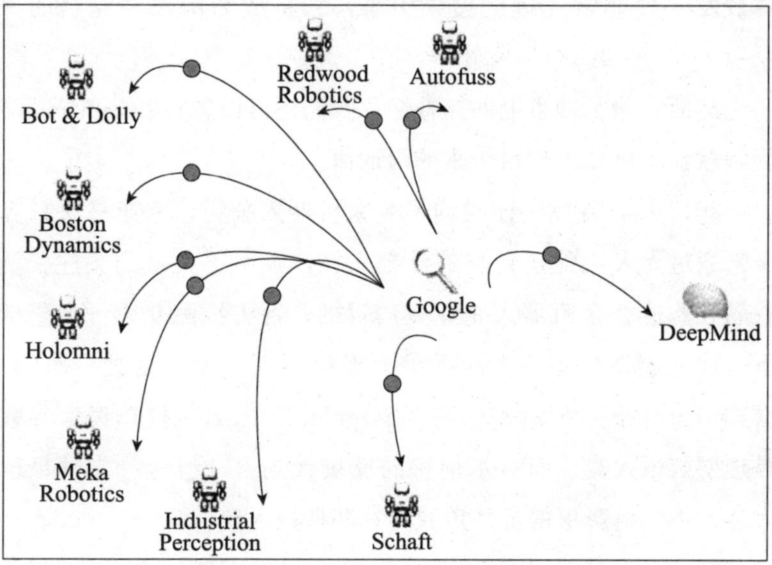

图 2.1 DeepMind 与机器人收购

赴的实验模式。事实上，据报道，DeepMind 还跟谷歌争夺该领域的人才。2012 年，谷歌聘请了未来学家雷·库兹韦尔（Ray Kurzweil）担任技术董事，负责机器学习和语言处理工作。

此外，谷歌对 DeepMind 的购聘，能帮助它与深度学习方面的其他对手展开竞争。Facebook 聘请伊恩·乐坤（Yann LeCunn，原纽约大学教授）负责自己的人工智能实验室。据报道，谷歌曾与 Facebook 争夺 DeepMind。[7] IBM 公司对旗下负责深度学习的沃森超级计算机部门投资 10 亿美元。雅虎也采取了购聘行动，让 LookFlow 团队主持深度学习方面的活动。

人们相信，DeepMind 的技术会首先用于改进谷歌的核心搜索系统，消除搜索结果里不必要的噪音。库兹韦尔表示，他打算开发一套非常先进的搜索引擎，它将成为用户“克制的好友”。

然而，除了搜索上的互补性，我们还可以想想 DeepMind 能为谷歌新生机器人项目带来的附加值。

2013 年，谷歌一连收购了 8 家机器人公司，和亚马逊打算未来通过无人机配送包裹的计划一样，吸引了大量的关注。就谷歌收购这么多机器人企业有何目的，各方揣测众多——包括下一代的制造外包、老年看护人形机器人、无人驾驶汽车等。喜剧演员斯蒂芬·科尔伯特（Stephen Colbert）打趣说，谷歌是想要奴役人类，而科尔伯特的反抗计划是，组建一支《星球大战》系列电影里的毛怪伊渥克军队抵挡入侵。

图 2.1 中列出的每一家被收购公司都有独特之处。例如，Industrial Perception 专注于机器人“视力”，Boston Dynamics 强调机器人的机动性，Meka 关注的是“人形”机器人。不过，所有公司都一清二楚地属于机器人领域。

人们可以推测，这一机器人集群和 DeepMind 的人才与技术之间的互补，将把科幻变成现实。想想看，机器人通过观察人类及其他导师机器人，不断提高其性能。不管是蓝领岗位，还是知识型工作岗位，都将有新的劳动力。在这样的场景下，人与机器之间的界限，将面临新的挑战。

谷歌通过对 DeepMind 的收购，为自己现有及未来的产品和服务实现并购互补性。从这个意义上来说，这是联合互补。搜索和机器人仅仅是融合的两大潜力领域。目标公司与收购方的相似与差异之处，都能创造出互相支持、互相促进的协同效应，从而实现价值。

未来10年，谷歌有望将半有机生长发挥到新的高度。但要实现这样的发展，也不是全无组织挑战。

半有机交易带来的挑战

暂且不论半有机生长相关的重大技术风险，执行这种形式的企业发展战略，还要面对其他重大的挑战。交易整合是其中比较明显的问题。

我最开始研究谷歌的并购活动时，原本是希望找到这样一家公司：它找到了传说中无敌的收购战略战术，并完美地予以执行。但一如第一章所述，高度成功的企业业务发展牵涉到——用跳水来打个比喻吧——表演动作难度系数极高的高台跳水。战略、评估、整合和交易结构，都必须和谐地放到一起。

毫无疑问，谷歌实现了极高的并购成功率。该公司超越了平均水平。尽管如此，谷歌的半有机生长里也有出了大乱子的地方。我们将在第八章详细探讨这些磕磕绊绊。现在，让我们回到Applied Semantics，这是公认的半有机生长杰作，但也并非全无缺陷。

至少，从ASI的角度来看，谷歌/Applied Semantics的整合并不十分顺利。吉尔·埃尔巴兹感到，自己的ASI管理团队运作得活力十足，眼下却要被拆得七零八落。2003年，谷歌基本上是按照职能线安排组织结构的，并认为收购企业应该妥帖地融入这一架构。举例来说，出于这个原因，吉尔要向山景城的工程副总裁汇报工作。同样，财务、营销和其他职能部门也要向山景城的相应负责人报告工作。ASI 团队无法再以完整单位的身份来运营了。

ASI 团队基本上被吸收了。谷歌采取这一举动的原因，完全可以理解。毕竟，两家公司的网页内容分析和相应的广告放置技术必须紧密契合。但知道在什么时候吸收（而非合并），是并购整合里的一项关键决策，谷歌或许朝着吸收模式走得太快了些。较之过早将 ASI 紧紧地纳入运营职能，对其施以战略控制，给它一些额外的时间以独立团队的形式运作，或许效果更好一些。

谷歌注意到 ASI 整合并不如预期顺利，便着手采取行动，尝试提高收购后的成功。2005 年，谷歌让 ASI 的前财务总监布拉德·斯坦因（Brad Stein）担任领导角色，针对未来的收购整合，负责开发、执行更有效的方法。直至 2011 年，斯坦因一直担任此职。

我们在第十二章会看到，谷歌对安卓、YouTube 等公司的收购，非常不同于 ASI。它学会了怎样建立、修正（如有必要）和监控整套整合方法，并为判断并购是否成功树立更准确的标准。

2007 年，吉尔·埃尔巴兹离开谷歌，一年后开始了自己的第二次创业活动，创办了 Factual，开发便于组织分享、混聚开放数据的技术。吉尔决心让这家公司里不光有优秀的工程师，还具备昂扬的企业文化，尽其所能地让个人动力与组织使命保持一致。虽然吉尔提起自己的谷歌岁月时语带亲昵，但他还是打算建立一家更有“情商”的公司。

深入了解技术互补

一如我们强调的，尽管谷歌/ASI 的整合略有瑕疵，但仍应该把它视为谷歌历史上最出色的交易之一。毕竟，按决定技术并购交易成败的两个重要因素来评估，这次收购的定位很有利。这些因素拓展了我们之前对交易互补性的讨论。

希尔斯和霍特克（Sears and Hoetker）介绍说[8]，两大关键互补性构造是：（1）目标重合度，目标公司的知识库在收购方已经掌握的知识库里占多大比例；（2）吸收能力，也即收购方认可、重组目标公司知识库的可能性。

如果目标重合度低，目标公司的知识里有相当比例对收购方而言都是全新的，目标公司的技术就极可能跟收购方实现新颖的融合。但是，除非收购方具备吸收能力（认可并利用目标公司技术），否则它不太可能实现新颖的融合。目标公司的技术资源很可能会遭到浪费。

如果目标重合度高，收购方有可能具备必要的吸收能力，但可行的创新结合恐怕会十分有限，因为目标公司的大部分知识，收购方都已经掌握了。出现新颖产品和服务的概率会小很多。

尽管吸收能力跟交易整合能力有关系，但这两个概念应加以区别。吸收能力更多地关系到组织的理解力：怎样在收购方的产品线环境里容纳、利用目标公司的技术。整合能力更多地关系到将目标公司的社会技术系统与收购方的进行结合这一实际过程。

现在，让我们重新对谷歌/Applied Semantics 这桩交易做一番审视。对 ASI 的 AdSense，谷歌无疑具备相当的吸收能力。事实上，谷歌的高层管理人员，包括谢尔盖·布林和苏珊·沃西基，急于朝着全网络文本搜索的方向扩展公司的广告业务。事实上，谷歌已经在着手研发自己的相应系统。

此外，我们看到，虽然两家公司之间存在技术重合度，但它并不太高，进行创新组合的难度也不会高到离谱。有趣的是，有证据表明，收购方/目标公司的知识库与创新绩效之间存在曲线关系。[9]这暗示，从技术基础的角度看，公司应当瞄准跟自己不是太相关、也并不太相似的收购目标。知识关联的中间地带似乎是最有潜力可挖。

事实上，按照埃尔巴兹的说法，AdSense 的大量迭代修改，从现有的“菲尔”和 CIRCA 技术出发，都是新旧混合起来的。谷歌的工程师利用两家公司重合的技术基础，创新地提升了产品线。

半有机生长之外潜藏着混乱吗

很多人都论述过谷歌广泛多元化的举措，一些人还提出，该公司的投资活动或许太过分散，所谓的登月行动包括了无人驾驶汽车、气球网络（Project Loon）、正常飞机大小的无人机，以及名为 Calico 的以延长人类寿命为目标的神秘项目。这还只是一份首发名单。

谷歌是否有些贪多嚼不烂了呢？公司是否进入了过多远离搜索/广告核心业务的领域，高估了自己的吸收能力呢？谷歌是一家混乱实验室，高级管理层就像花心的蝴蝶，不停地从这朵花飞到那朵花吗？

谷歌前高管，稍后任雅虎 CEO 的玛丽莎·梅耶（Marisa Mayer）指出，除非有人意识到拉里·佩奇和谢尔盖·布林是天生的蒙特梭利式孩子，否则就无法理解谷歌。[10]蒙特梭利式孩子，指的是意大利医生和教育家玛丽亚·蒙特梭利（Maria Montessori）提出的教育理念。20 世纪初，玛丽亚创办学校，强调独立性，尊重儿童内在好奇心，尊重学习的自然节奏。

我们将在本书中看到，谷歌的许多收购跟它身为广告技术及搜索公司的根源存在明确的联系。但从 2013 年至 2014 年开始，越来越多的交易传递出这样的信号：蒙特梭利式的小伙子们把大部分时间用到了“课堂”新领域上。

谷歌试图成为一家以媒体、互联网和技术为中心的跨行业企业集团，经营范围涉及汽车、医疗保健到航空航天。而进入这些市场的举措，伴随着大量的并购活动。

下一步，公司是陷入混乱，还是实现前所未有的成功的大范围多元化？

我们已经看到，吸收能力在收购成败里扮演着决定性的核心角色。事实上，有些公司“认识新信息的价值，吸收并将其应用到商业目的”的能力十分有限。[11]还有些公司，从本质上看就是一块超级海绵，能够收购、吸收，在大量不同的行业实现成功。

以伯克希尔·哈撒韦公司为例。伯克希尔采用控股公司的结构，设在奥马哈的总部只有几十名员工。该公司对经营多元化事业部的领导充分授权，也对其高度依赖。巴菲特对下属公司的管理层有着不可思议的选择、支持和鼓励能力，使之长期维持优秀的财务业绩。鉴于这种核心竞争力，伯克希尔表现出了巨大的吸收能力，虽然它实际上并不吸收目标公司，而是保留（并丰富）自己所吸收的经营实体。

难道说，可以这样总结谷歌的真正的核心竞争力：在广告技术行业获得的偶然成功，助燃了蒙特梭利式的好奇心和实验精神？如果确实如此，那么，这种竞争力就可以为有着巨大吸收能力的企业提供另一种范例。

不过，谷歌必须先让至少一部分实验实现活力四射的商业成功，才能证明自己的确具备这种能力。只有那时候才能得出最终结论：看似散弹四射般的投资，其实是在广告科技之外的行业启动了突破创新。

如果上述登月行动无一获得成功，谷歌的投资人恐怕会变得跟 2013 年苹果公司的诸多投资人一样——承受巨大的压力，向股东偿还资金。以多元化为基础的并购活动游乐场，必将关张大吉。

半有机加速

先把登月行动放一放，让我们回到更专注的半有机生长的安全性和敏感性上，总结一下 Applied Semantics 收购为谷歌启动了什么样的运动轨迹。

通过购聘 ASI 的人才和技术，谷歌切入了延续至今的主导交易模式。在 ASI 交易之前，谷歌也开展过其他的购聘。

例如，2003 年 2 月，也即收购 ASI 半年前，谷歌收购了开发出 Blogger（这一网络服务加速了网络日志或博客的增长）的 Pyra Labs。10 年后的今天，Blogger 继续作为分享文字、照片和视频的免费博客发布平台而存在。当然，Blogger 的内容也为谷歌放置广告提供了网页。

紧随收购之后，Pyra 的 CEO 埃文·威廉姆斯（Evan Williams）和其他 6 名工作人员，就被分配到了谷歌现有的工程团队，半有机生长开始了。这次整合简单而直接。虽然 Pyra 等收购肯定有助于谷歌理解并购流程的具体内容，但这些早期交易并没有改造作用。谷歌的半有机生长印刻，需要的不仅仅是一桩小小的“一口吞”交易。

Applied Semantics 收购及其数十亿的潜在收入协同效应，才是该模式的先导。ASI 为其后数十桩推动谷歌发展的交易打上了烙印：把公司现有的能力与外部目标公司的能力结合起来。

半有机生长的第二级火箭现在即将点火。谷歌推进此类交易的速度和数量，都将达到前所未有的水平。

Chapter 3

第三章

谷歌对苹果：从南辕北辙到殊途同归的并购路线

2001 年到 2012 年期间，谷歌和苹果对并购交易的胃口明显不同。这两家超级明星科技公司有着截然不同的并购活动模式，证明现实当中，企业成功实现价值的发展之路不止一条。

我们之前提到，谷歌在这一时期内的疯狂收购步伐，在很大程度上是由极成功的 Applied Semantics 交易带来的印刻效应触发的。另一方面，这一时期，苹果公司的领导层基本上似乎是在宣称："真汉子，不并购。"苹果公司表现得就好像它能在内部完成大部分重要创新，不需要购买其他公司的技术和人才。

谷歌和苹果的不同，不仅表现在收购数量上，也表现在它们各自进行交易的理由上。总体而言，苹果公司是为了给现有的核心产品和服务增加特定软件或硬件组件，才购买少量的公司。谷歌的部分交易，也有着同样的目的。但谷歌的思维更宽广，它希望借助并购活动，在数量飞速扩张的市场里加速发展机遇。

此外，谷歌 2005 年收购安卓之后，随着时间的推移，它和苹果注定要成为竞争对手这一点变得愈发清晰。这种竞争将带来一连串的并购，从而让两家公司打起了针锋相对的并购战。一家公司在特定市场做了一桩收购，必定触发另一家公司发起反收购。

从 2012 年前后开始，苹果公司极大地加快了收购交易的步伐。难道说，苹果公司决定变得更像谷歌，提高并购在企业发展战略中的作用吗？还是说，苹果转而进行一连串的收购，是有其他因素在推动？

让我们从历史背景来对比一下这两家公司的并购活动。

从历史视角看并购活动

表 3.1 年提供了 2001 年到 2013 年谷歌和苹果公司已经公开的并购交易数据（由 Capital IQ 公司报告）。谷歌和苹果均未公布所有并购，收购目标也不见得总会公布自己被收购了。第三方尝试扮演"侦探"，找出更多未知的交易，但也无法挖掘出所有的情况。因此，Capital IQ 收录的并不是两家公司完成的所有交易。不过，表 3.1 中所示交易量，可视为并购活动的代表数据。

请注意，从记录的并购交易来看，表中所示的几乎每一年，谷歌都对苹果占压倒性优势。在某些年份（如 2010 年和 2011 年），差距大得惊人。不过，2013 年出现了苹果加速收购的明显迹象。

表 3.1　苹果和谷歌公司记录在案的并购交易（2001—2013 年）

年份	苹果	谷歌
2001	2	1
2002	2	0
2003	0	4

续前表

年份	苹果	谷歌
2004	0	5
2005	1	6
2006	2	9
2007	0	14
2008	1	3
2009	1	7
2010	4	28
2011	1	32
2012	3	14
2013	10	20

资料来源：Capital IQ，不含房地产交易。

谷歌 2010 年的并购信息图

让我们比较两幅并购信息图，更深入地研究从上述数据中截取的片段。图 3.1 描绘了 2010 年谷歌完成的数量惊人的收购。

这些交易在数量和范围上都让人惊讶。从上方开始，顺时针转动，图标代表的公司分别来自如下行业：

- 媒体应用
- 音频、视频和图形技术
- 云计算、Web 基础架构
- 金融服务应用程序
- 硬件组件
- 娱乐软件
- 网络零售
- 社交媒体

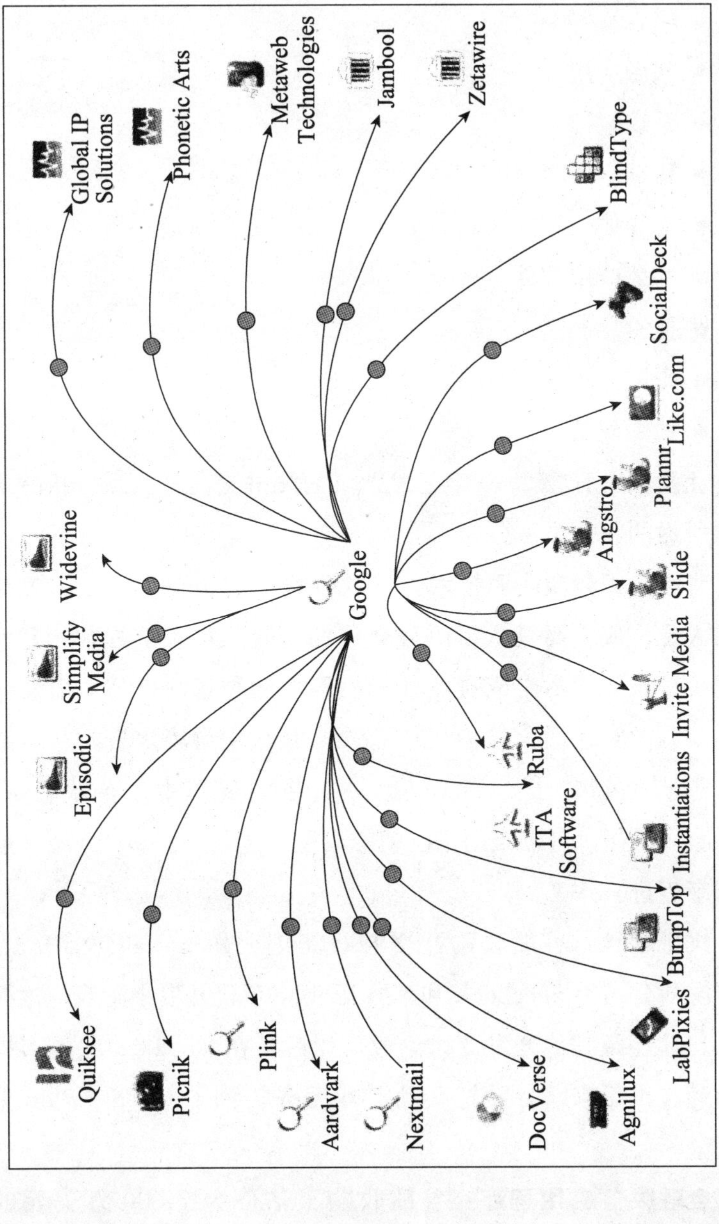

图 3.1　谷歌在2010年进行的收购

- 广告
- 旅游应用程序
- 系统软件
- 移动应用程序
- 半导体
- 办公应用软件
- 搜索
- 摄影
- 地图测绘

让我们来看看 2010 年上述领域的几桩交易，大致分析一下谷歌所做的收购类型。

音频、视频和图形技术：谷歌收购了 Phonetic Arts，该公司的人员构成主要是从事语言合成的研究人员和工程师，开发根据少量录音样本生成自然计算机语音的技术。该公司的技术可将录制的对话段落转换成语音库，并从中拼凑声音，产生听起来逼真的新句子。在进行这一交易的过程中，谷歌表示，Phonetic 的技术可以帮助自己朝着《星际迷航》（*Star Trek*）般的未来迈进。

娱乐软件：谷歌收购社交游戏新创公司 SocialDeck Inc.，这家游戏公司为 Facebook 和苹果 iPhone 手机开发小游戏。据报道，谷歌还跟其他开发商讨论过，让后者在 Google+服务上提供游戏。（后来，谷歌把移动游戏服务转到了 Google Play 平台上。）

金融服务应用程序：谷歌收购了估值为 7 000 万美元的

Jambool Inc.。Jambool 提供支付 API，方便网络游戏或社交网络应用程序进行小额支付。该公司的货币（Social Gold）API 允许开发商为实体贸易开发虚拟货币。后来，Social Gold 被纳入谷歌的支付产品，并用于安卓市场的购买行为。

旅游应用程序：谷歌用 6.76 亿美元的现金，收购了 ITA Software，Inc.。ITA 为航空业提供基于互联网的软件。谷歌有意开发搜索工具，帮助用户更轻松地在网络上找到出行信息，包括让旅客更方便地比较、筛选航班和机票。为让收购 ITA 通过反垄断审批，司法部对该交易做了强制规定：限制谷歌对该公司技术的使用方式。这些限制条款直至 2016 年均有效，要求谷歌将软件授权给其他公司，允许后者开发 ITA 产品提供给竞争对手，架设防火墙，使之无法看到竞争对手的敏感信息。

广告：谷歌收购了 Invite Media，该公司开发并运营着一个媒体采购平台，在广告展牌市场应用优化技术。Invite 的需求方平台旨在方便买家搜索高流量展示广告交易。最初，Invite 保留了独立单位身份，但最终被整合到谷歌的网络广告服务商 DoubleClick 当中。[谷歌完成该交易后大约两年，Invite 的两位联合创始人纳特·特纳（Nat Turner）和扎克·温伯格（Zach Weinberg）离开谷歌，开办了一家医疗保健公司。特纳说，广告技术从来就不是他的激情所在，真正能激励他的是医疗保健。我们会在第十三章探索谷歌并购兄弟会——那些把公司卖给谷歌的创业者——其后的人生。]

半导体：谷歌收购了 Agnilux，这是一家隐形芯片设计公司，由 PA Semiconductor 的前雇员创办。苹果公司收购了 PA，为 iPod、iPhone 和其他移动设备开发定制芯片。谷歌打算借助平板等设备，将 Agnilux 的技术高效地应用到 Chrome 和安卓操作系统等谷歌平台上。

办公应用软件：谷歌收购了再现文档和写作工具 DocVerse。谷歌利用 DocVerse 的技术改善 Microsoft Office 产品和谷歌套件之间的互操作，让微软用户更容易过渡到谷歌应用平台的云计算。

谷歌的这些交易样本暗示了一些核心要点，揭示了贯穿本书的若干主题：

- 和当时的苹果不同，谷歌在范围极广的领域（横跨广告、互联网服务和技术底层架构）内进行了大量收购。有些目标企业在交易完成后仍保持了一段时间的独立，但随着时间的推移，还是被吸收到了谷歌的其他服务里。例如，Invite Media 保留了独立身份，但事实证明，它后来与 DoubleClick 的融合，对构建一套在线广告生态系统极为重要。

- 一些交易（如 Agnilux 和 DocVerse）则涉及谷歌对几个主要竞争（如苹果和微软）的回应。

- 尽管每桩交易最初都有合理的理由，但谷歌常常会用收购来的技术进行实验。而这些技术可能会脱离最初设想的应用场景。此外，还有些技术可能不适合任何产品或服务，并最终被放弃。

- 收购之后，许多创业者会离开谷歌，创办其他公司，大部分往往并不在高科技领域，而是去他们此刻觉得有追求动力的领域。所以，我们看到了谷歌并购兄弟会的出现。

苹果公司 2010 年的并购信息图

来对比一下苹果 2010 年已知收购的信息图（见图 3.2）。

相较于谷歌 2010 年的并购活动，苹果公司的交易集群零零落落，只有 6 桩收购。（图 3.2 中列出了 6 桩交易，而表 3.1 中只列出了 4 桩交易，这是因为除了 Capital IQ 提供的数据，我们后来又确认了两桩交易。）

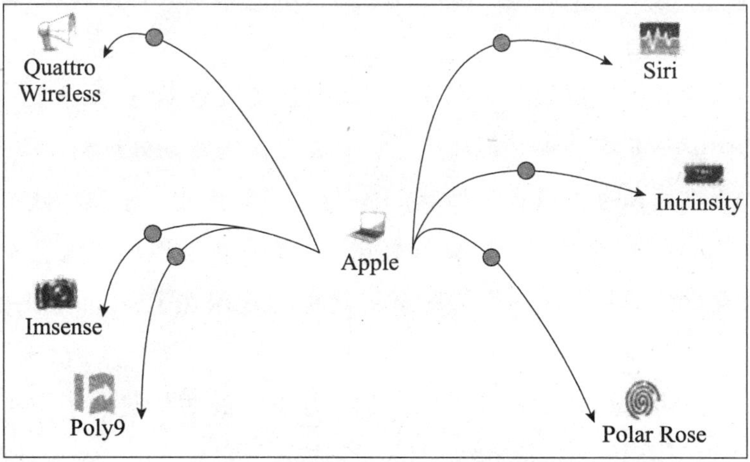

图 3.2 苹果公司 2010 年的收购

苹果公司的大部分收购跟能提高自己消费电子产品的组件紧密相关。以下按顺时针方向介绍收购涉及的各个领域：

- 音频、视频和图形技术
- 半导体
- 生物识别技术
- 地图测绘和影像
- 摄影

- 移动手机广告

让我们来对部分交易观察一番，看看为什么大多数交易都涉及为苹果产品增加组件或功能。

音频、视频和图形技术：苹果收购了 Siri，Inc.，这是一家利用语音识别提供移动搜索和虚拟个人助理的开发商。苹果收购 Siri 是其移动战略的一部分，它希望更多地参与搜索市场。此外，苹果很重视 Siri 的语音识别技术，希望借此排挤谷歌及其安卓平台。

半导体：据估计，苹果用 1.21 亿美元收购了 Intrinsity。Intrinsity 的技术制造能耗更低、速度更快的移动处理器，提升手机性能和电池寿命。Intrinsity 的工程师将加入苹果。此前，Intrinsity 公司曾与 PA Semi 公司（苹果此前收购的一家公司）合作设计 A4 芯片，苹果有意将这种芯片用在 iPad 和未来的 iPhone 当中。

生物识别技术：苹果以 2 900 万美元的估价收购了 Polar Rose AB。Polar Rose 专攻面部识别技术。它允许用户利用计算机视觉技术，搜索、组织并分享数字媒体。苹果可以使用面部识别技术，提高 iPhone 的图片搜索能力，让 iPad 通过面部识别检测用户，创建个性化配置文件。

地图测绘和影像：苹果收购了 3D 制图公司 Poly9，该公司开发了网络地理信息系统（GIS）工具 Free Earth（这是一套地图可视化及路径点跟踪的虚拟地球程序）。Poly9 是苹果第二桩重要的地图测绘收购。2009 年，苹果收购谷歌地图的竞争对手 Placebase。苹果此次收购 Poly9，旨在加强对谷歌地球（用户可浏览并绘测 3D 位置）的竞争力。

移动广告：苹果收购了移动广告公司 Quattro Wireless，收购价格据估计为 2.75 亿美元。苹果收购 Quattro，是其打入移动广告市场战略的一部分。苹果公司计划为 iPhone 和 iPad 软件加入自己的广告系统（IAD）。重要的是，收购 Quattro，也回应了谷歌对 AdMob 的收购，AdMob 同样是一家移动广告公司，苹果也曾有意购买。Quattro Wireless 与 AdMob 在移动广告领域是竞争对手。

苹果的收购集群背后突出了一个重大的次级主题。数量颇多的交易都直接回应了谷歌的竞争。让我们更仔细地考察一下苹果/谷歌交易的竞争势态。

双头并购潮

从 2009 年开始持续至今，苹果和谷歌的地位，变得像是技术领域的可口可乐和百事可乐。两家公司的合并与收购活动，清晰地反映出两者激烈的竞争。从移动广告系统到地图测绘，苹果与谷歌都展开了针锋相对的并购战。

一些奇怪的反垄断苗头，是来自一场名叫“苹谷”（App-Goog）的并购竞争战。举个例子，经过 6 个月的调查，美国联邦贸易委员会于 2010 年 5 月批准了谷歌对 AdMob 的收购。该委员会说，他们从前害怕谷歌主宰移动广告市场，可如今苹果在这一领域崛起，减缓了他们的担忧。至少在这一刻，谷歌对自己的对头是有那么一点点爱的吧。

如果两家公司参与一系列针锋相对的并购交易，我们就称之为双头并购潮。

图 3.3 这幅信息图展示了 2009—2010 年间苹果和谷歌之间部分的双头并购潮。这些交易，我们已经在先前介绍苹果和谷歌 2010 年所做的收购中看到了一部分，但现在，我们想以并列的形式来对其进行描绘，以突出双头并购潮是怎么发生的。我们对每一桩收购的描述，都将突出这些交易的竞争性质。

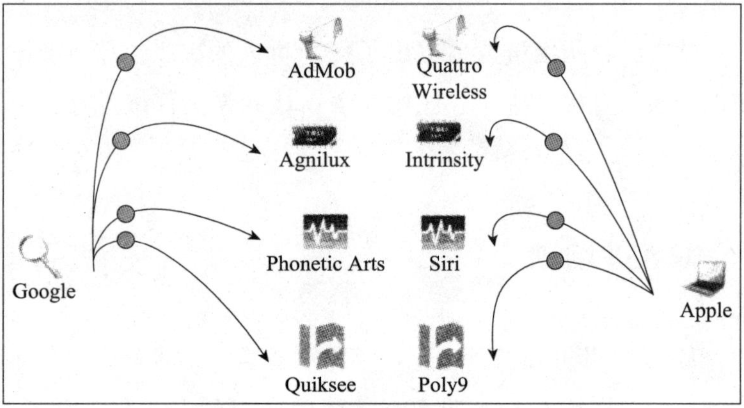

图 3.3 苹果/谷歌 2009—2010 年的双头并购潮

让我们介绍一下图 3.3 里针锋相对的白热化交易对决集中出现的四大领域。

1. 移动广告系统

● 2009 年 11 月，谷歌宣布以 7.5 亿美元股票收购手机广告新创公司 AdMob 的计划。AdMob 在针对智能手机专门设计的网站上销售广告。该公司最先着手开发技术，向苹果的 iPhone 手机，以及使用谷歌安卓移动操作系统的设备推送广告。

- 2010 年 1 月，苹果收购了移动广告公司 Quattro Wireless。重要的是，收购 Quattro，被视为对谷歌收购 AdMob 的回应，因为苹果本来也有意买下 AdMob。

2. 半导体效率

- 2010 年 3 月，苹果收购 Intrinsity，以提高其移动设备的性能，延长电池续航时间。

- 2010 年 4 月，谷歌收购了 Agnilux，这是一家隐形芯片设计公司，由 PA Semiconductor 公司的前员工创办，PA Semiconductor 已于 2008 年由苹果收购，目的是改善其移动设备的性能。

3. 语音识别/合成

- 2010 年 3 月，苹果收购利用语音识别技术开发虚拟个人助理的 Siri。

- 2010 年 12 月，谷歌收购 Phonetic Arts，该公司利用从录音采样片段得来的自然计算机语音，开发语音合成。（随着时间的推移，Phonetic Arts 让机器的声音变得更像人类声音，这一技术目前已部署在了 Google Now。用户称，Google Now 的虚拟助理声音比苹果的 Siri 更顺畅。）

4. 地图测绘技术

- 2010 年 7 月苹果收购 Poly9，这是一家 3D 测绘公司，针对地图可视化开发了 FreeEarth。观察家认为，苹果收购 Poly9，是为了加强与 Google Earth 的竞争。

- 2010 年 9 月，谷歌以约 1 000 万美元收购 Quiksee。

Quiksee 为创建基于位置的互动视频开发解决方案，也针对用户拍摄的视频开发互动视频测绘技术。Quiksee 的技术可以部署在 Google Earth 的街景图服务上。

谷歌和苹果之间的双头并购潮持续到了 2010 年以后。此外，其他竞争对手，比如 Facebook、雅虎和微软，也都将进行多桩回应式的并购交易，卷入这场收购热潮。

并购战略的改变

并购在企业战略中的作用，从来不是静止不变的。本节我们将阐述苹果和谷歌在其并购活动中所做的重要改变。

苹果的变调

大概从 2013 年开始，苹果加快了收购的步伐。事实上，在 2014 年 2 月举行的年会上，CEO 蒂姆·库克（Tim Cook）出人意料地宣布，过去 16 个月，苹果已经收购了 23 家公司。

分析师和媒体竞相认为这些交易暗示了苹果未来的走向。确认苹果到底收购了哪些公司，不是一件容易的事，因为苹果有一个出了名的神秘说法，而且多桩交易也都证实了这一说法："苹果会时不时地收购小型科技公司，一般而言，我们并不讨论自己的目的和计划。"

鉴于苹果公司在并购上保密的传统，为什么库克这时候会强调公司所做收购的数量呢？难道他透露这一数据是为了暗示：（1）苹果并不会白白守着自己的大笔现金不用；（2）市场动态正在发生变化，苹果不再固守从前"不是公司内部发明的东西我们就不要”的心态？库克是不是在暗示，在后乔布斯时代，为了保持公司的竞争力，除了内部创新，并购将会发挥更重要的作用？

图 3.4 列出了苹果公司 2013 年所做的部分收购。交易来自以下领域：社交媒体、半导体、应用软件、地图测绘、数据库软件、媒体应用、音频/语音识别和移动应用程序。

最有趣的是地图测绘领域出现的 4 桩集群式收购。收购对象分别是 Broadmap（整理和分析测绘数据）、Hopstop（地方交通信息）、Embark（经纬仪测绘）和 Wifislam（微定位技术）。来自 HopStop 和 Embark 的数据，将合并到苹果手机操作系统 iOS 的升级版地图中。2012 年，苹果抛弃了谷歌地图，改用自

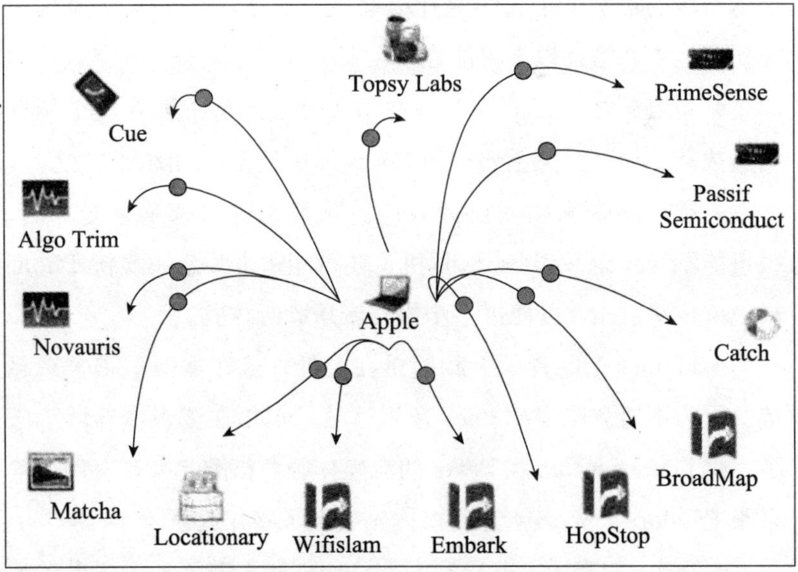

图 3.4　2013 年苹果公司的部分收购

己的地图服务，遭到了舆论的猛烈批评。苹果此刻感受到了压力，想要迅速改善自己的地图服务，因而更多地通过并购所得的外部数据和技术来保持竞争力。

接着，在 2014 年，苹果公司的并购调门变得更高，它宣布计划以 30 亿美元收购高端耳机开发及音乐流媒体服务商 Beats。

这桩交易反映出苹果并购战略上的重大调整，尤其是从交易规模来看。此前，苹果公司规模最大的收购交易是 1996 年用 4.29 亿美元和 150 万股股票买下 NeXT（让史蒂夫·乔布斯回到了苹果）。事实上，自 2002 年以来，苹果公司从未在年度 10-K 公告中正式披露过任何一桩并购交易的价格细节。

收购 Beats，相当于苹果跟过去的企业发展活动一刀两断。全球顶级的消费电子公司为什么会花这么大一笔钱买一家耳机公司呢？不妨考虑以下可能性[1]：

● 可穿戴技术正成为下一波重大发展趋势。要在这个领域出类拔萃，设计至关重要。而 Beats 耳机是公认的酷劲十足。

● 很可能带来收入协同效应。顾客走进一家苹果专卖店，很可能不光买走一副 Beats 耳机，还可能顺带买走一款新 iPhone 或 Apple Watch，以便进一步提升音乐聆听体验。

● iTunes 上的音乐下载销量在走低，流媒体似乎是未来趋势。因为不愿意取消 iTunes 音乐下载，苹果在流媒体领域落伍了。把 iTunes Radio 和 Beats 的流媒体服务搭配起来，有助于苹果跟 Pandora、Spotify 等流媒体先头部队展开竞争。

● Beats 的音乐行业资深人士［如创始人安德烈·罗米尔·杨（Dr. Dre）和吉米·艾欧文（Jimmy Iovine）］是公认的音乐

授权及营销大师。买下 Beats，能让这两位高管以购聘形式进入苹果公司。尤其是艾欧文，很可能成为苹果特别宝贵的资源，方便公司购买数字音乐、视频或其他类型内容的版权。

这里，苹果的并购剧本看起来跟谷歌差不多了。2014 年的前几个月，谷歌刚以 32 亿美元的现金收购了智能家电产品开发商 Nest Labs，跟 Beats 交易的标价惊人一致。收购 Nest 的一个重要方面，是网罗到了该公司 CEO 托尼·法戴尔（Tony Fadell）等设计人才。

谷歌的重新调整

早在苹果公司对并购觉醒之前，谷歌就已重新调整了自己的并购流程。2006 年前后，谷歌创始人拉里·佩奇和谢尔盖·布林担心，公司积累了太多不同的产品，会变成应用程序“动物园”。公司的前企业发展副总裁大卫·劳威（David Lawee）说：“谢尔盖在公司内部到处传播他的口头禅，说他想要更多的功能，更少的产品。”[2]

等拉里·佩奇 2011 年担任 CEO 之后，谷歌进行了重组，聚焦于 6 到 7 个核心产品领域，每个领域均有自己的招聘目标。谷歌希望，多一些购，少一些聘。换句话说，收购要跳出单纯地招聘人才的想法，更多地关注买下与谷歌产品领域相吻合的公司。获取人才仍然很重要，但人才应当带来能加速谷歌特定核心产品或服务的技术。

考虑到谷歌天生喜欢不断实验，之后的交易也并非所有都跟现有产品线完美契合。其实，相当多的收购都放在了 Google X 部门，这是创建于 2010 年的研究实验室，目的是为未来的创新提供燎原星火。尽管谷歌的收购有了新焦点，但几乎没有人否认，Google X 的相关交易属于谷歌企业发展战略的重要组成部分。

然而，并购显然有意支持现有的谷歌事业部。支持谷歌当前核心产品的集群式收购颇为常见。举例来说，该公司在 2011 年的 3 桩收购支持谷歌大举进军社交领域：Fridge、Social Grapple 和 Katango；4 桩收购直接支持谷歌的商贸战线：Daily Deal、Spark Buy、Talk Bin 和 The DealMap。（谷歌后来又把 Daily Deal 回售给了它的创始人。）

有关苹果和谷歌的收购战，最重要的地方是什么呢？虽然苹果公司正在扩大并购规模（变得更具谷歌风格），谷歌却尝试直接把收购所得跟具体的产品和服务结合起来（也就是变得更像苹果）。

Chapter 4

第四章

并购市场模型

诺贝尔经济学奖得主赫伯特·西蒙（Herbert Simon）曾在一篇经典文章里提出，科学家和管理人员必须收集大量的“知识团块”，以求做出世界级的贡献。“在科学界和商界，专业人士并不是在追求公平的赌注。相反，拥有创意的专业人士因为能够持续获得更多的知识团块，所以具备更优越的知识。”[1]

从根本上来说，并购市场模型涉及团块的构建——对细分市场/二级细分市场、公司和交易积累有意义的信息片段。只有通过持续不懈的努力，才能构建出强健的市场模型。组织必须安排好一套积极支持持续构建并购交易知识的系统。随着时间的推移，信息团块不断累积，市场模型成为支持企业发展项目越来越宝贵的资源。[2]

一家公司差不多所有的内部功能领域都会配置数字系统，以捕获和分析信息。会计们有财务信息系统。人力资源管理人员有薪资和其他人力资本系统。运营策划人员会部署供应链管理系统。销售高管们有客户体验应用程序。

然而，具备跟并购活动相关，又对外部市场动态有着恰当视角的系统能力，这样的企业业务发展专业人士太少了。要把企业业务发展视为一种战略资源，恰恰需要这种思维。

20多年前，组织理论家彼得·德鲁克（Peter Drucker）感叹，信息技术对最高管理层怎样部署业务发展战略几乎全无影响。他预测，系统地收集外界信息，会成为信息技术的下一个前沿阵地。[3]要征服这一前沿，大多数公司还有很长的路要走。

要把并购成功地建设为核心组织能力，系统设计师必须把内部运营跟外部世界（包括动荡的市场领域、竞争对手和交易）结合起来。交易分析和执行不应当是单独的一次性行为，而是对成百上千家公司及交易的相关信息进行收集、分析的连续过程。

并购市场的建模涉及对行业和子行业进行可视化的动态再现，以求理解过去的企业业务发展模式，对收购活动提出未来的发展方向。要让并购成功地达到新层面，组织必须开发一套市场建模系统。

本章中，我们将通过为谷歌建立一套样本市场模型，说明市场建模的过程。考虑到谷歌的野心极大，我们的市场模型将横跨三大重要市场领域：媒体/广告，互联网软件和服务，技术平台。

虽然我们的焦点放在谷歌身上，但依靠系统化地培养市场知识团块带来的洞见，任何企业都能极大地受益，在企业发展上获得成功。市场建模适用于所有行业的所有企业。

谷歌的MIT市场模型

我们先用一幅动态的分类树状图（详细拆解了谷歌现在或

将来有可能进入的市场领域）来对谷歌的活动进行划分。“动态”这个词尤其关键，因为我们会随着重要新领域的出现，实时更新这幅树状图。

图 4.1 显示的是针对谷歌的初步分类树的高级视图。（我们会在后面的章节进一步完善这幅图。）

首先，让我们把重点放在树的细分市场栏。如前所述，对谷歌而言，这棵树上有 3 个主要领域：（1）媒体，（2）互联网软件/服务，（3）技术平台。（凡是不符合这些类别的活动，都会放到其他领域去。）我们将使用缩写“MIT”（媒体/网络/技术）来表示这些主要领域：

- 媒体领域包括广告、电影、娱乐、网络媒体和出版等二级领域。
- 互联网领域包括宽带服务、云服务、互联网零售、社交网络、搜索引擎软件以及网络分析等二级领域。
- 技术平台领域包括应用软件、人工智能、机器人/无人机、半导体、智能家居和可穿戴设备等二级领域。

不同于 SIC（Standard Industrial Classification，标准行业分类）或 NAISC（North American Industry Classification System，北美行业分类系统）等传统行业分类方案，市场模型分类必须配合与公司相关的近期行业二级领域，或是配合正在建模的市场。

为说明怎样借助这种行业分类方案了解公司的业务活动，请看图 4.2。此图中，我们选择了社交网络复选框，搜索交易细节库，找到了谷歌跟社交网络空间相关的收购信息图。

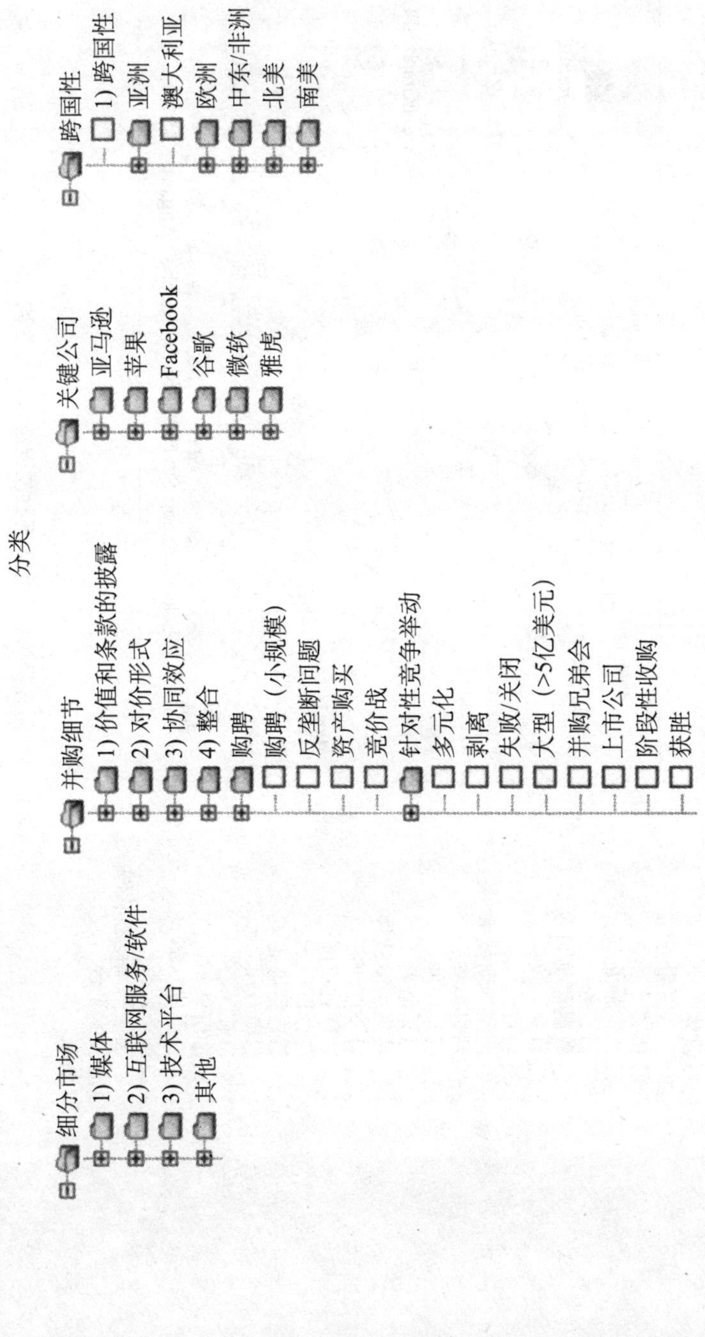

图4.1 分类树状图高级分类

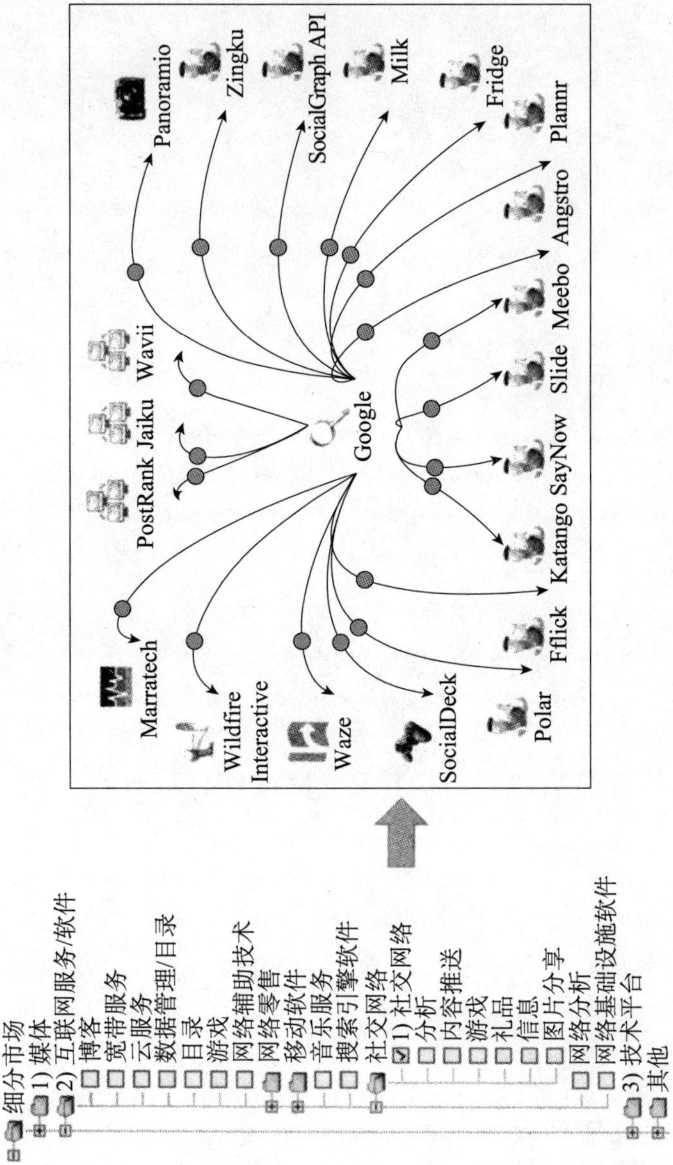

图4.2 利用分类树状图来表现社交网络领域的收购

相较于图 4.1，图 4.2 中分类树状图上的若干节点是打开的，因为我们想要搜索并描绘跟社交网络明确相关的收购。（尽管我们的公司/交易数据库里也有其他公司完成的社交网络相关收购，但这里只显示谷歌的交易。）

在这幅信息图里，每家公司都分配了一个代表该公司所属主要领域的图标。例如，Zingku（移动社交网络服务）、Kantango（对个人社交网络进行细分的技术）这类公司直接属于社交网络领域。然而，还有些公司，跟社交网络有着较为间接的关系，则分配了另一种不同的主图标，如 Social Deck（社交游戏公司）和 Waze（众包测绘服务）。

主要属于广告（Wildfire）、摄影（Panoramio）等领域的公司，也跟社交网络有着间接关系，故此也列出在此信息图上。把与社交网络直接或间接相关的公司都显示出来，为理解谷歌在整个社交网络领域进行的并购活动提供了丰富的背景。

我们可以点击公司图标或交易节点，获取有关该公司或交易的具体信息。例如，点击与 Waze 收购关联的节点，可得到如下部分信息[4]：

谷歌收购 Waze（实时交通）

涉及公司

谷歌，Waze

交易概况

最初公布日期：6/13

收购价格：9.66 亿美元现金＋留任奖金（来源：

谷歌10Q与谷歌采访)；8 400万美元归于商誉；谷歌还承担了6 900万美元的债务。

谷歌以9.66亿美元现金收购以色列众包地图及导航公司Waze。(留任奖金或许还会让这一数额有所增加。Waze已确认，交易结束4年后，100名员工将获得来自这桩交易的1.2亿美元。)谷歌将使用Waze的实时交通技术，加强旗下的地图服务。

Waze通过三轮融资，已募集6 700万美元。投资方包括Kleiner Perkins Caufield and Byers、Horizons Ventures、Magma Venture Partners、BlueRun Venture Capital和Vertex Venture Capital。

此次收购的关键条款包括Waze将在3年内继续独立运营，员工无须离开以色列。

这里再提醒一次，请记住，这一市场模型的分类必须是动态的。现有的公司和新出现的公司都会推出新产品、新服务，如果它们很重要，就必须在分类框架中体现出来。新的应用技术会迅速带来创新的二级领域。为了有效地支持企业发展，市场模型必须回应这种变化迅猛的活动。

当然，还有许多其他系统可以执行市场建模。不过，我们这里要强调的关键概念是，这一模型应该能够便于访问，能提供公司和交易的细节信息，为企业发展管理人员，就过去和未来有可能出现的并购举动提供洞见。我们很快会看到，模型可以专注于一家公司或同类的若干家公司。

市场模型的其他维度

除了通过动态市场领域对并购交易分类之外，图 4.1 也显示了可以对交易进行分类和过滤的另外几个重要维度，包括并购细节、关键公司和跨国性等。

交易数据库应该包含哪些核心的结构维度呢？有意义的市场模型必须建立一套可搜索、过滤以解答具体战略问题的数据库。对待议的企业发展问题，管理者必须能够找出符合条件（既不过分宽泛，也不过分局限）的交易或企业。使用过分宽泛的过滤器，就像用 4 寸长的画笔画人像一样——分辨不出必要的细节。使用过分局限的过滤器，则像是用缺了三原色之一的颜料盘画人像——丢失了重要的元素。交易数据库的细腻度必须设置得恰到好处，足以支持有意义的企业发展分析。

让我们为上面提及的维度各举一个例子（仍以图 4.1 为参照）。

并购细节维度提供了一种按类别分析交易的手段，比如：（1）交易的价值或条款是否公布；（2）采用何种对价形式（现金、股票等）；（3）交易是否属于购聘；（4）收购是否可视为失败之举；（5）是不是大型交易。如图 4.1 所示，许多其他并购细节也都分了类。

让我们来说明可以怎样使用并购细节维度。假设我们想要筛选出谷歌直接公布采用自家股票完成交易的收购。图 4.3 显示了这种分析。

谷歌选用股票作为完全或部分对价的 4 桩交易被显示出来。（谷歌绝大部分的收购并不涉及股票——第十章将对此做更详尽

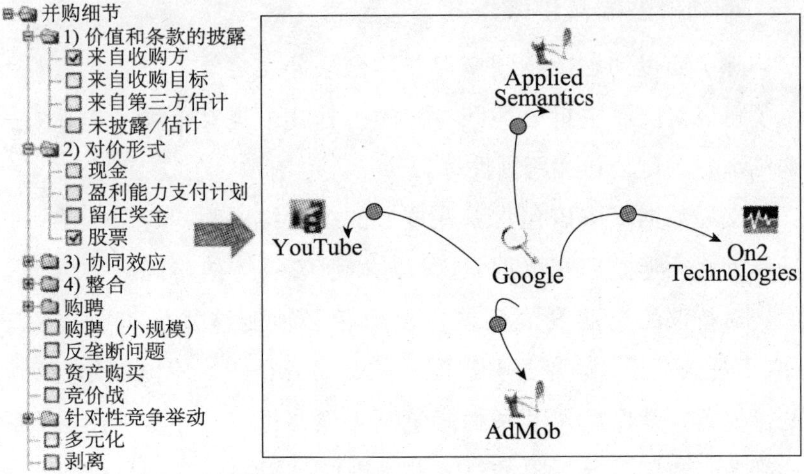

图 4.3 用股票作为对价形式的交易

的论述。）第二章我们已经较为详细地介绍了 Applied Semantics 这一交易，现在让我们来看看另一桩交易 YouTube。点击跟 YouTube 收购关联的节点，可提供以下信息：

> 交易价格：16.5 亿美元的换股交易，包括 2 100 万美元的现金付款（来源：谷歌 10-K）。谷歌宣布，它已同意以 16.5 亿美元股票交换的形式收购消费者媒体公司 YouTube，该公司提供丰富的视频内容和业余内容（amateur content，指业余爱好者创作的数字媒体内容）。

这一并购细节维度上可用的分类层次，应当能让企业发展专业人士按所有重要的维度进行过滤。尽管不一定要像细分市场维度那么动态，但并购细节维度仍然需要随时更新跟进，关注有意思的新领域。

例如，图 4.4 列出了我们样本市场模型里的 6 家企业（亚马逊、苹果、Facebook、谷歌、微软和雅虎）。请注意，选中苹果公司条目，子类别下展开列出了苹果公司产品或服务样例。（其他公司的子类别目前并未显示。）

图 4.4 中的信息图显示了苹果公司与地图测绘活动相关的收购。请注意，这些被收购的公司，大多数（但也不是全部）与地图测绘技术直接相关。例如，2013 年苹果收购了 Locationary，这是一家数据库软件公司，提供移动和网络解决方案管理当地营业场所信息。苹果可能会借助 Locationary 的技术以改善和提高其地图测绘的能力（当然也可能用到其他应用领域）。

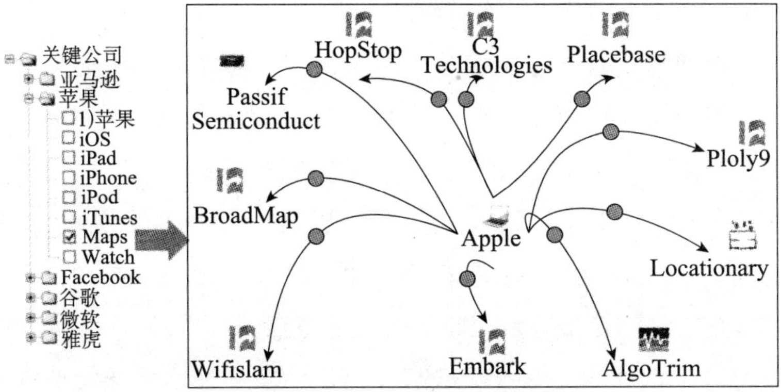

图 4.4　苹果公司在地图测绘领域的并购活动

关键公司维度表明，在为一家公司（如谷歌）构建并购市场模型的过程中，理解谷歌市场空间中其他重要竞争对手的交易活动往往至关重要。强健的市场模型至少要覆盖公司主要的竞争对手，甚至不仅限于此。

跨国性维度从地域焦点来理解并购活动。跨国收购可以是公司进入该地区的一种模式。有时候，这些收购是为了获得独特的人才、技术，或是为该地区的未来收购建立据点。

我们只要看一眼就可得出结论，苹果在该地区收购半导体公司（PrimeSense 和 Anobit），而 Facebook 在收购移动应用程序（Onavo 和 Snaptu），谷歌在收购地图测绘公司（Quiksee 和 Waze）。当然，这一搜索所得的公司/交易结果，取决于查询的时段。

并购市场模型里还可包含其他主要维度。例如，客户细分往往是搜索或过滤交易数据库时可用的重要元素。一家公司及其产品或服务，可按其目标客户来分类，包括种族、性别、年龄、价格敏感度、产品偏好，等等。

同时分析模型的多个维度

强健的并购市场模式允许同时在多个维度上分析交易。例如，模型应当能描绘特定地区里特定领域的交易，比如图 4.5 中，苹果、Facebook 和谷歌在以色列所进行的交易。

再举一个例子，图 4.6 描述的是：选择谷歌作为关键公司，选择 Facebook 为采取“针对性竞争举动”的公司，看看谷歌做了哪些交易。点击谷歌/Titan 的交易节点，可看到 2014 年谷歌收购了 Titan Aerospace，这家公司多年来一直希望开发出真机大小、可不间断飞行的无人机。谷歌报告说，Titan 的技术可用于拍摄地理图片，为偏远地区提供互联网接入服务。此外，据《华尔街日报》报道称，2014 年早些时候，Facebook 就有意收购 Titan，但谷歌承诺，不管 Facebook 出多高的价格，自己都比它高。[5]故此，围绕 Titan，发生了一场针锋相对的收购战。

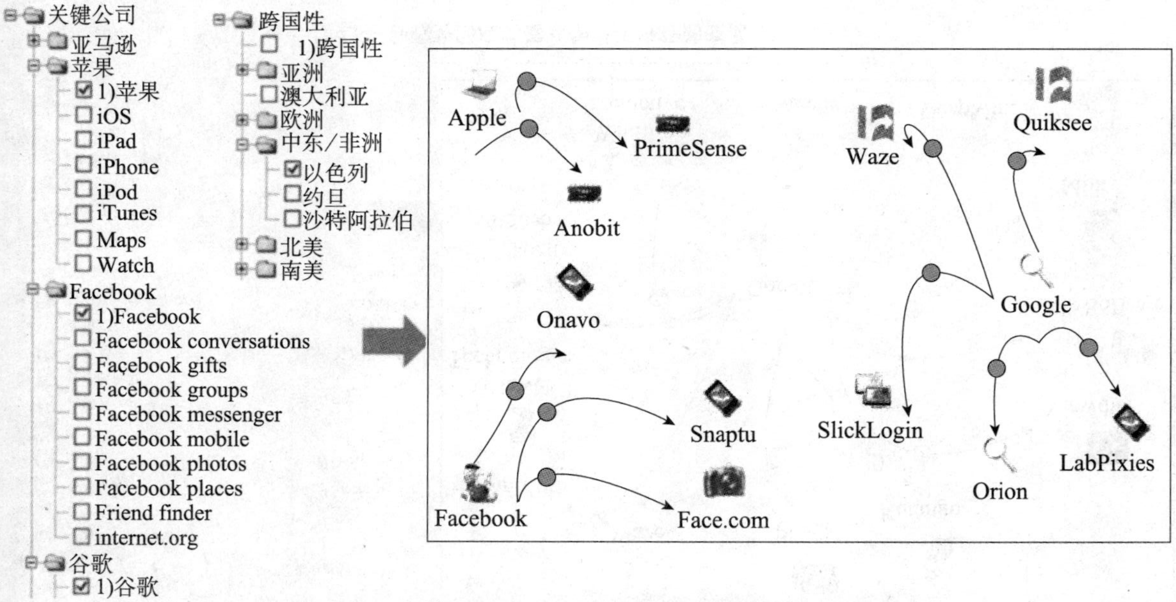

图 4.5 苹果、Facebook和谷歌在以色列进行的交易

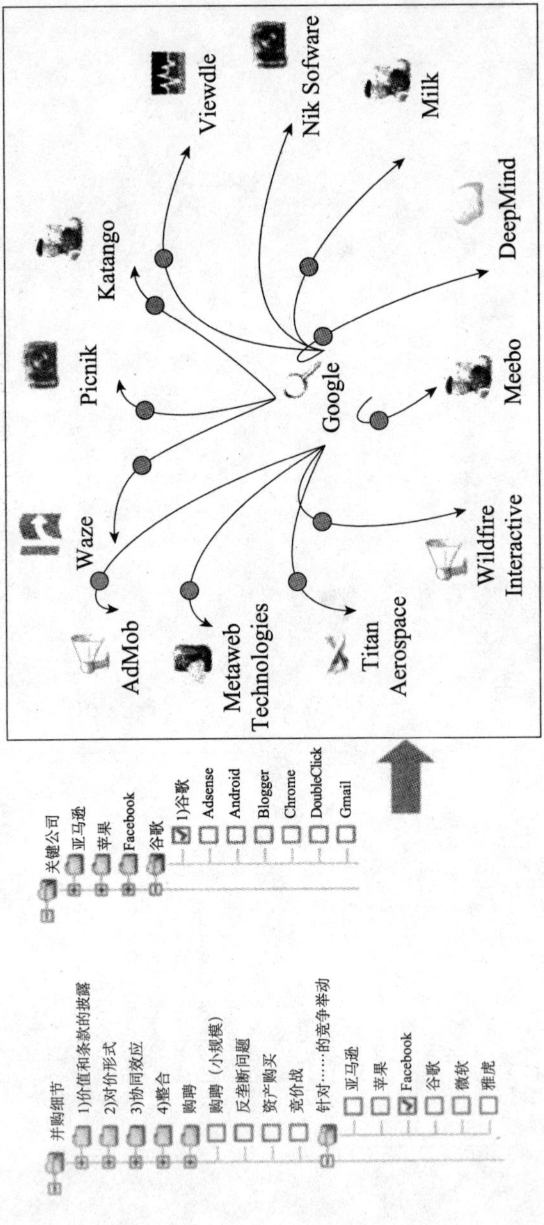

图4.6　谷歌为回应关键竞争对手进行的交易

这里透露出的仍然是并购市场模型背后的核心概念。不管需要在什么样的维度组合上进行企业发展分析，并购市场模型都应给予支持。

市场建模的关键步骤

建立一个市场模型，以下关键步骤是必需的。

1. 对感兴趣的领域和二级领域进行分类。我们的谷歌模型样例确定了三个主要领域：媒体、互联网服务/软件和技术平台。这些领域下的每一分类，都包含一个或多个二级领域层级。例如，如图 4.2 所示，博客、宽带服务、云服务等都列在互联网服务/软件领域之下。你会发现，随着市场环境的改变，或者你对市场空间认识的提高，你会反复修改最初分类的领域和二级领域。我们在这一章里想要强调的是，为有效发挥作用，市场模型不能受静态的市场分类观限制。为了协助现实世界里的思考，系统必须是动态的。

2. 首先，确认关键公司，建立公司数据库。构建公司数据库的第一步是确认哪些公司对你的分析最为要紧。在我们的谷歌 MIT 市场模型样例中，除了谷歌，关键公司还包括亚马逊、苹果、Facebook、微软和雅虎。

3. 为关键公司建立交易数据库。这应该包括每一家公司的已知历史交易。交易数据库中一般需要纳入的三大重要字段是：(a) 交易概况；(b) 战略意义；(c) 当前状态。本章前面部分我们列出了谷歌/Waze 交易的样例条目。输入交易数据库里的条目时，还把目标公司加入你的公司数据库。

4. 强化市场模型的主要维度。如图 4.1 所示，主要维度应该包括：(a) 并购细节（交易条款是否披露，交易是否可视为“成功”等）(b) 关键公司，子类别下要详细列出每一家公司的产品/服务；(c) 跨国性。如前所述，一切有助于进行企业发展分析的重要维度都应该加入。

5. 扩充公司数据库，加入潜在的目标公司。我们把眼光从历史转移到未来上。纳入可视为潜在目标的公司后，你的并购模型就能支持进行一定时间期限范围内的当前及未来交易分析了。（我们会在接下来的一节解释时间跨度问题。）最低限度，每个条目你都需要纳入公司概况，把公司分类到恰当的领域或二级领域去。图 4.7 示范了教育技术机器人公司 Wonder Workshop 的样例条目。注意，除了建立公司介绍，Wonder Workshop 还需同时划入教育系统应用和机器人公司这两个类别。

市场模型里交易和公司的数量可以由数百甚至上千个条目构成。但不要看到可能付出的巨大精力就望而却步。最初建立数据库时，初始公司/交易数量是很少的，一般来说把主要的竞争对手及其关键交易收录在内即可。随着对市场模型的不断扩充修正，有条理地将公司和交易加入系统，模型能够越来越好地助推创新决策过程。你的努力不会白费，因为设计得当、随时更新的市场模型能让高层管理人员在混乱中突出重围，快速响应，更自信地迎接并购机会。

Wonder Workshop

公司概况

地址：加利福尼亚州旧金山

业务描述

维卡斯•古普塔（Vikas Gupta）、索拉•古普塔（Saurabh Gupta）和米卡尔•格雷夫斯（Mikal Graves）2012年创办Wonder Workshop（前身为Play-I），以孩子们最喜欢的形式（他们认为是机器人），让儿童能更轻松地接触到编程和工程概念。

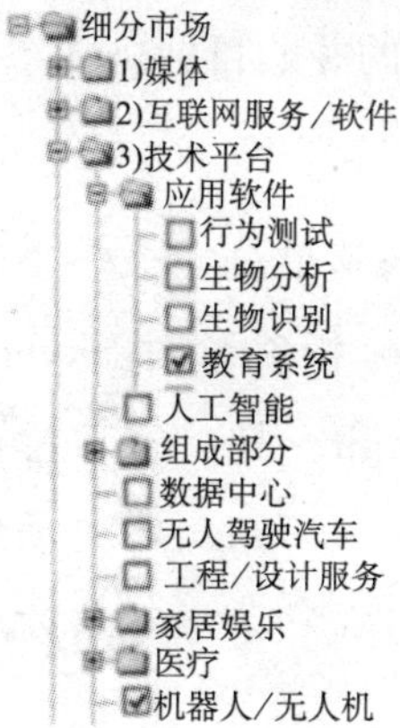

图 4.7　目标公司描述和分类样例

运用市场模型

在谷歌这样的大公司，并购交易的念头，有可能从任何地方冒出来，比如内部的战略小组，产品经理，销售部门，或是最高管理层。在规模较小的公司，高层管理人员往往是进行交易的幕后推手。不管交易从哪儿冒出来，交易的基本理由必须与组织内部的相关各方沟通。评估战略和组织契合度，是并购流程最初步骤里的关键部分。[6]

构建本章介绍的这种市场模型系统，能非常有效地为公司向前发展提供背景。市场是复杂的实体，由数十家甚至上百家公司及其之间的关系构成。为让企业发展保持强劲势头，必须要有一套系统，以可视化的形式，展现公司及其竞争对手在过去完成的，以及在将来有可能进行的并购活动。

在本章的结束部分，我们设计了一个场景，说明怎样运用市场模型，构建历史背景，以便于识别潜在的并购目标。

确认历史背景下的收购目标

场景是这样的：2014 年 5 月，你所在的苹果公司战略小组应邀就谷歌的地图测绘能力做一番陈述，分析谷歌对 Skybox Imaging 的收购传言是否可信，Skybox Imaging 是一家卫星设计公司，它们设计的卫星相对廉价，体积小，可每天收集地球的照片和视频。你想从历史背景下，说明谷歌和苹果在重要地图测绘领域的收购活动。

既然你已经建好了并购市场模型，有着动态的类别过滤，收集这些信息就很简单了。你可以在细分市场类下选择地图绘测，在关键公司类下选择苹果和谷歌。你搜索市场模型数据库，生成如图 4.8 所示的公司/交易集群。

图 4.8 所示的信息图跟我们在本章前面见到的图大体类似，但有两个明显的特点：

1. 除了显示苹果和谷歌的历史收购和相关交易链接，还显示了地图测绘领域里有可能成为收购对象的公司。这些公司分别是 Skybox Imaging（传言中谷歌的收购对象），以及 BlackBridge、Planet Labs 和 Urthecast，都是存在竞争关系的卫星测

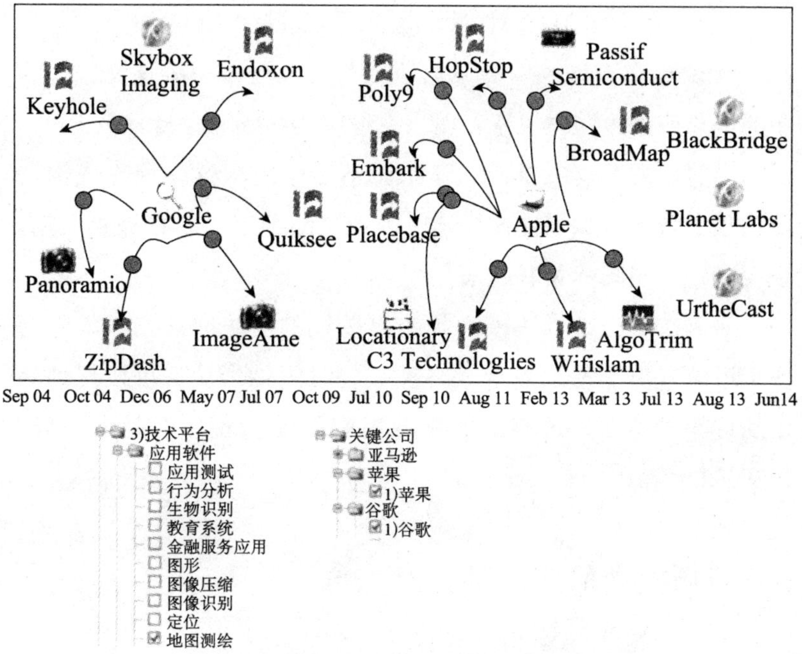

图 4.8 苹果/谷歌与地图测绘相关的收购

绘厂商。

2. 信息图底部显示了时间轴。拖动时间轴上的游标，可以按时间序列排列所有交易，从而提供了一个时间视角，考察这些交易的历史推进。

你会注意到，从 2004 年收购 Keyhole 以来，谷歌一直相信：卫星图像和航拍是其地图测绘技术的核心要素。（Keyhole 的技术使用在广受欢迎的 Google Earth 应用程序中。）你还注意到，如果完成对 Skybox 的收购，谷歌有可能提高它在卫星照片，以及地球视频方面的能力。（事实上，谷歌果然在 2014 年 6 月以 5 亿美元的价格收购了 Skybox。）

接下来，你还会注意到，BlackBridge、Planet Labs和Urthecast也在卫星成像领域竞争，苹果大概希望跟这三家公司中的一家或多家建立关系，以求在地图测绘领域保持竞争力。

当然，撇开这一推断，苹果说不定已经跟这些卫星成像公司建立了联系，如果是这样，所有会谈的细节可以存储为数据，跟相应的公司图标关联起来。

要点在于，市场建模必须跳出单纯的历史跟踪，纳入一套便于理清未来交易的系统。终极版的时间轴滑块，可以拉到尚未到达的时间点，预测市场领域里有可能出现（但尚未出现）的交易！

市场模型的广泛吸引力

市场模型并不只适合谷歌、苹果这样的大公司。所有的公司都需要确认对刺激自己发展至关重要的领域和二级领域。针对企业业务发展举措和竞争情报，市场模型需要提供相关公司和交易的细节，生动地展现历史交易，也暗示未来的发展机会。

我们在本章开篇就说过，组织里几乎其他所有的职能部门，从会计到人力资源，重要的系统都已就绪。企业发展团队也应如此。我们在这一章里介绍了此类系统的一个框架。企业可以根据这一框架建设系统，另辟蹊径亦可。

Chapter 5

第五章

谷歌媒体交易

谷歌的企业使命宣言里说："组织全球信息，让它人人皆可访，物尽其用。"尽管谷歌创办和发展背后的核心价值主张是通过搜索技术成长为知识型组织，但替它埋单，同时带来巨大投资回报的却是广告技术。

我们在第二章介绍了收购 Applied Semantics 怎样帮助谷歌极大地拓宽自己的广告覆盖范围：让广告跳出自己的搜索页面，落脚到数百万内容发布商的网页上。本章中，我们将探讨并购怎样进一步发挥关键作用，把谷歌建设成广告巨头。

这趟媒体之旅将一路上带着我们浏览若干重要的并购站点，包括数字视频和 YouTube，展示广告放置和 DoubleClick，移动广告和 AdMob。此外还有辅助这些重大举措的其他重要并购举措。

我们也将考察谷歌在其他媒体领域的并购活动，如娱乐，以及出版相关内容。随着谷歌的媒体/广告画布渐次展开，来自 Applied Semantics 的并购印迹显形了几十次。

媒体交易类

在数字技术时代，广告和媒体内容发生了巨大的变化。例如，快速增长的互联网广告行业，有望挑战传统的电视广告，成为规模最大的媒体广告领域。据普华永道（PwC）的研究，2013 年，互联网广告总收入是 1 172 亿美元。到 2018 年，这一数字预计将达到 1 945 亿美元，其间年均复合增长率达到 10.7%。2009 年，互联网广告总收入仅为 587 亿美元。[1]

互联网广告的一些二级细分市场尤为热门。市场研究公司 eMarketer 预计，到 2014 年底，移动广告会占到美国广告市场的近 10%，超过报纸、杂志和电台广播。eMarketer 估计，2014 年，将有大约 180 亿美元会花在手机和平板广告上，较 2013 年增长 83%。[2]

普华永道的研究称，网络视频广告会在不久的将来出现最猛烈的增长，预计到 2018 年，将达到 23.8%的年均复合增长率。YouTube 已经完善了其前贴片广告格式，YouTube 的 TrueView 广告也大量配置在各种新型消费电子设备上。（TrueView 视频广告为观众提供了丰富的选择和控制权，观众可以观看自己想看的广告，而且，只有观众收看了特定广告后，平台才向广告客户收取费用。）

考虑到广告和数字媒体领域的不断变化，市场模型里媒体市场的分类，几乎跟狂热的互联网和技术平台同样处于动态之中。传统的划分不够用了。媒体和广告市场的分解，必须始终反映领域和二级领域的重大转变力量，如移动端和数字视频。

因此，切莫把图 5.1 所示的划分看成是一成不变的。贯穿本书，我们都在强调，所有成功的市场模型系统都必须对迅猛的行业变化做出响应。静态分类方案必然会降低系统的有效性。

但不管怎么说，图 5.1 对媒体世界的划分方式还是合理的，从谷歌及其企业发展互动的视角，对 2015 年前后的广告行业做了更详细的划分。

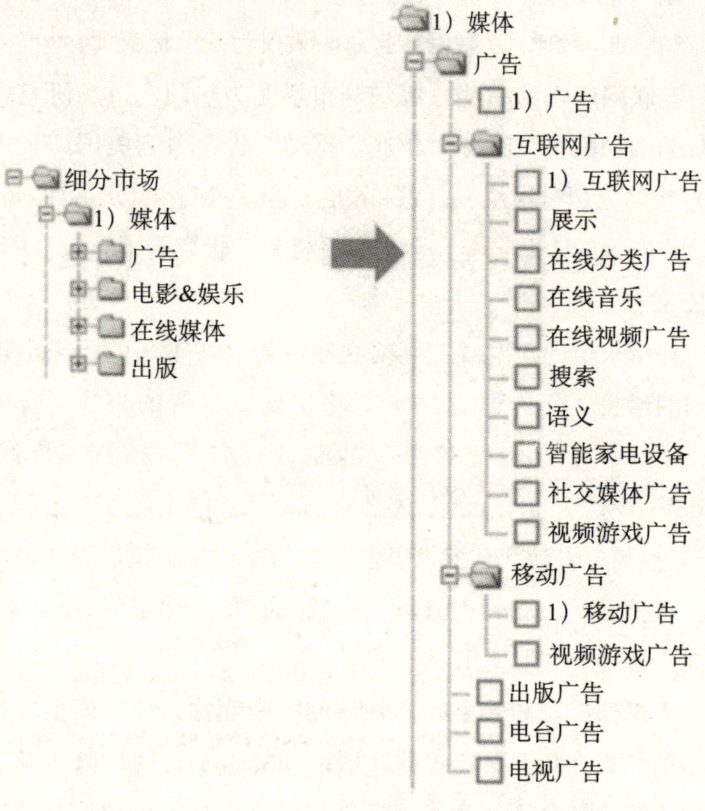

图 5.1 媒体（总览）＋广告分类

请注意，互联网广告还有二级领域，包括谷歌的核心搜索业务，以及语义广告（如 Applied Semantics 收购所反映）。此外，在诸如展示、在线视频、社交媒体、智能家电广告、视频游戏等领域里的广告相关收购，也可纳入模型。还需注意，在我们的市场模型里，移动广告独立成了一个重要的类别（自己也有二级领域）。在分类树的高层位置就把移动广告独立列出来，反映出这一广告领域重要性的日益提高。

利用这一市场模型，我们现在来探讨谷歌在上述多个二级领域的并购活动。

在线视频广告交易

2005 年 2 月，PayPal 的三名前员工，查德·赫利（Chad Hurley）、陈士骏和贾德·卡林姆（Jawed Karim）创办了视频分享网站 YouTube。人们经常说，YouTube 的创办灵感，来自 2004 年歌手珍妮特·杰克逊的超级碗事件。贾德·卡林姆想看看详情，网上却难以找到视频片段。

当时，谷歌有自己的专业团队开发一种竞争产品，名叫 Google Video，但 YouTube 的声势太大，远远地甩掉了 Google Video。Google Video 的业务模式是跟各大内容制作商合作，保护其知识产权，避免后者的电影、电视节目和音乐录影遭到盗版。这样一来，Google Video 的内容就主要由家庭录像构成。YouTube 则采取更加积极主动的态度，并不为了控制盗版，而过度限制用户发布的内容。YouTube 成了寻找制作精良的视频内容（如音乐录影、电视片段、其他专业作品片段）的目的地。YouTube 大受欢迎，内容生成“供应商”和内容消费者各得其乐，带来了极强的网络效应。

2006 年 10 月，谷歌认定自己无法有效地与 YouTube 竞争，同意以换股的形式，用 1.65 亿美元收购 YouTube。收购完成后，YouTube 继续独立运作，保留品牌和所有员工，包括联合创始人查德·赫利和陈士骏。

和早前谷歌其他的收购对象不一样，YouTube 获允完全自主运营。埃里克·施密特（Eric Schmidt）积极主动地维护了 YouTube 的自主性。谷歌曾亲眼目睹其他公司吸收了较小的公司，却毁掉了后者的产品创新和文化灵活性。一名熟知该交易的谷歌前产品经理表示："YouTube 的发展太好了，他们害怕搞砸了，有时候，大公司收购小公司很容易这样。"为此，YouTube 保留了在圣布鲁诺的办公地，并未搬到谷歌总部。迟至 2014 年，YouTube 办公室里并未摆有明显的谷歌品牌标识。

谷歌收购 YouTube，因为它见证了 YouTube 作为视频目的地网站的爆炸式发展。该网站的发展势头太猛了，Google Video 似乎完全跟不上。此外，谷歌收购 YouTube 也是一种防御战术，以免雅虎等竞争对手把它抢了去。

YouTube 帮忙为谷歌带来了一道品牌营销的主菜。此前，谷歌的产品侧重于直接响应式广告，有了 YouTube，谷歌得以向广告公司展现跟整体品牌塑造相关的机会。托管在 YouTube 上的约翰·麦凯恩和奥巴马 2008 年美国总统大选辩论，就是谷歌试图证明该平台品牌营销效果的一个例子。

不过，谷歌会发现，对 YouTube 的收购，并没有带来像买下 Applied Semantics 和 AdSense 那样的"银弹"效应。[3] 没有出现高利润率的收入增长。相反，随着谷歌尝试将广告范围扩大到在线视频，它需要对 YouTube 平台反复进行调整。收购在调整中将起到主要作用。

图 5.2 显示了若干有助于为 YouTube 补充人才和技术的半有机生长式收购，这些收购刺激了 YouTube 被谷歌收购后 5 年内的发展。(5 年过后，与 YouTube 相关的并购活动仍在继续。)

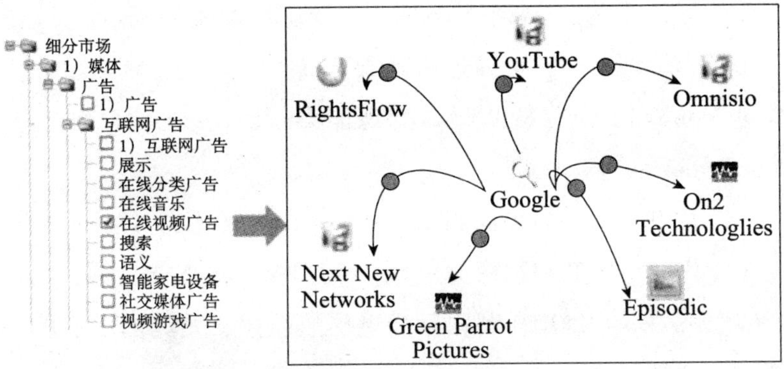

图 5.2 YouTube 和与之相关的一些收购

2008 年 10 月，谷歌以 1 500 万美元的估价收购在线视频服务提供商 Omnisio。Omnisio 的技术能让用户评论视频，混搭视频片段组成合辑，并将 Slideshare 演示文稿同步到视频当中。Omnisio 员工加入了 YouTube 的团队。

2009 年 10 月，谷歌同意以 1.23 亿美元的股票和现金收购上市公司 On2 Technologies。On2 的平台和视频压缩/解压缩软件能在专有网络和互联网上递送视频。这是收购 YouTube 之后的必然结果，事实证明，On2 成了推进谷歌视频努力至关重要的力量。谷歌将 On2 的 VP8 视频编解码器开源，作为自己视频格式 WebM 的一部分。YouTube 开始把新视频和现有视频转换成该格式。On2 的人才也提升了谷歌的其他产品和服务。例如，2013 年，On2 公司前 CEO 马特·弗罗斯特（Matt Frost）担任了谷歌 Chrome 团队的战略及媒体负责人。

2010 年 4 月，谷歌收购 Episodic，该公司提供的平台，能让出版商、营销人和企业通过计算机、移动设备和 IPTV 设备以流的形式传递、分析视频内容，并变现带来收入。Episodic 还提供内容管理，客户可通过广告服务器插入广告。该交易旨在促进 YouTube 的分析和收入变现能力。Episodic 团队加入了 YouTube。

2011 年 3 月，谷歌收购 Green Parrot Pictures，该公司开发便于操作数字视频和图像的工具。YouTube 将整合 Green Parrot Pictures，帮助用户制作质量更佳的视频（尤其是用手机拍摄的视频）。

同样是在 2011 年 3 月，谷歌收购了 Next New Networks，该公司很早就尝试策展具有专业素质的在线内容，使之对广告客户变得更有吸引力。Next New 的所有附属内容都会先筛选再流通，有别于当时主导 YouTube 的用户生成内容。收购 Next New，代表谷歌培养、包装高质量在线内容的一次最早期尝试。在宣布收购 Next New 期间，谷歌还公布了 YouTube 的下一步举措。这是“一支新的团队，负责激励创意人员发展，加速合作伙伴的成长和成功”——显然属于半有机生长举措。

2011 年 12 月，谷歌买下了 Rights Flow，该公司跟踪、处理对词曲作者和音乐出版商的版权事宜。此次收购给 YouTube 带来了能管理其与分散的音乐出版行业联系的技术。

2011 年后，谷歌仍有意通过收购，为 YouTube 补充技术和人才。不过，它至少在一桩高度公开的交易上碰了钉子。2014

年，据报道，谷歌打算以 10 亿美元收购 Twitch。Twitch 是网络上最热门的电子竞技流媒体网站。Twitch 号称有大约 5 500 万月度用户，每个月有 100 多万会员上传视频。结果，亚马逊买下了 Twitch，这暗示谷歌和亚马逊将在媒体/广告空间发生正面竞争（谷歌和亚马逊之间的角力，我们会在第十四章讨论竞争性交易集群时做更多的介绍）。

与展示广告相关的交易

2007 年，谷歌收购了 DoubleClick，将其广告技术的范围扩展到核心搜索、语义广告（AdSense）和视频（YouTube）之外。这是谷歌到当时为止规模最大的收购，以 32 亿美元的现金从 Hellman & Friedman、JMI Equity 和公司管理层手里买下了 DoubleClick。DoubleClick 本来是买卖广告的实时交易市场。它为广告客户提供了在整个互联网上竞价展示广告的市场。

DoubleClick 应用“cookie”（保存在硬盘上跟踪用户浏览器历史记录的代码片段），当用户访问特定网页时，相关展示广告显示出来。

2007 年以来，谷歌通过多桩并购交易，增强了 DoubleClick 的功能。图 5.3 列出了一些谷歌已完成的与 DoubleClick 相关的收购。

2009 年 11 月，谷歌签署了一项最终协议收购 Teracent，这是一家以数据为驱动的广告优化技术开发商。Teracent 被整合到了谷歌的广告网络和 DoubleClick 产品线。Teracent 的技术可以针对特定客户创建定制的展示广告，根据地理位置、语言、一天之内的时间段或广告的过往绩效等元素，用算法自动选择展示广告图片、颜色和文本。

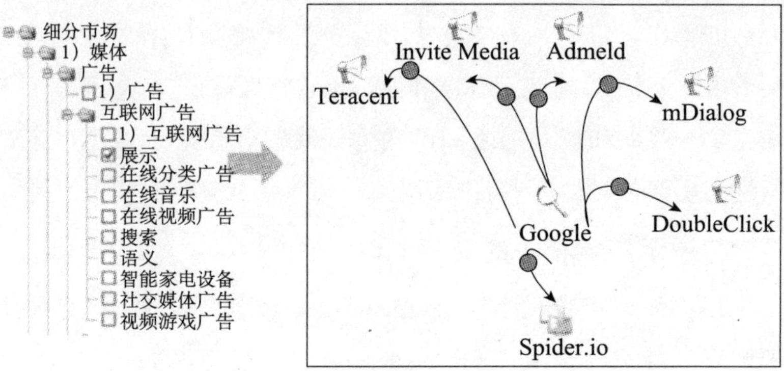

图 5.3　DoubleClick 和与之相关的并购交易

2010 年 8 月，谷歌收购了 Invite Media，该公司开发了一种需方平台（DSP），方便买家搜索大流量展示广告交易。（广告客户和广告公司可以使用需方平台，购买展示、视频、移动和搜索广告。）尽管 Invite 在短期内保持了独立的品牌和产品，最终还是被整合到了 DoubleClick。谷歌收购 Invite Media，标志着谷歌有意强化与广告公司的联系。

2011 年 6 月，谷歌同意以 4 亿美元的估价收购 Admeld，该公司为在线出版商提供广告网络优化技术。此次收购旨在构建一套在线展示广告的全线解决方案。本次交易让谷歌的展示广告价值链变得完整，它从需方平台着手，接着进入广告交换（DoubleClick），再接着来到 Admeld 等供方平台。将 Admeld 的平台与 DoubleClick 的 DART for Publishers 产品紧密结合，带来了更大的广告交换流量。

2014 年 2 月，谷歌收购 Spider. io，这是一家识别并删除在线广告欺诈点击的技术开发商。该技术还有助于检测遭恶意软件感染的设备发起的攻击。Spider. io 的 7 名员工，包括创办人道格拉斯·德雅格（Douglas de Jager）都加入了谷歌。这 7 人里有 3 人有博士学位。谷歌在博客上宣布这一交易时说："……只有当营销人员相信，自己的广告能到达真正的人，他们所看到的结果是其真正感兴趣的东西，广告生态系统才能蓬勃发展。为了帮所有人把蛋糕做大，我们必须对网络欺诈问题迎头而上。"

2014 年 6 月，谷歌收购 mDialog，它开发能让大型媒体公司在一系列电子产品（包括 iPhone、iPad、安卓设备和 Xbox、Roku 等流媒体产品）平台上管理、递送视频广告的技术。短期内，mDialog 会继续提供服务。不过，谷歌最终会把该公司的技术跟 DoubleClick 融合，DoubleClick 现在是谷歌展示广告和视频广告的主要交易所。

这一连串的交易表明，DoubleClick 会通过半有机收购继续加速其发展。

其他领域的广告交易

随着谷歌不断将自己的广告版图扩展到更多的论坛、支持更多的格式，并购活动一如既往地在这些发展活动中扮演了突出的角色。

图 5.4 列出了谷歌在广告格式（包括社交媒体、视频游戏和移动端）方面的一些交易活动。我们将按时间顺序来分析这些交易，判断它们分别属于广告的哪些二级领域。

- 视频游戏广告。2007 年 3 月，谷歌以 2 300 万美元的估

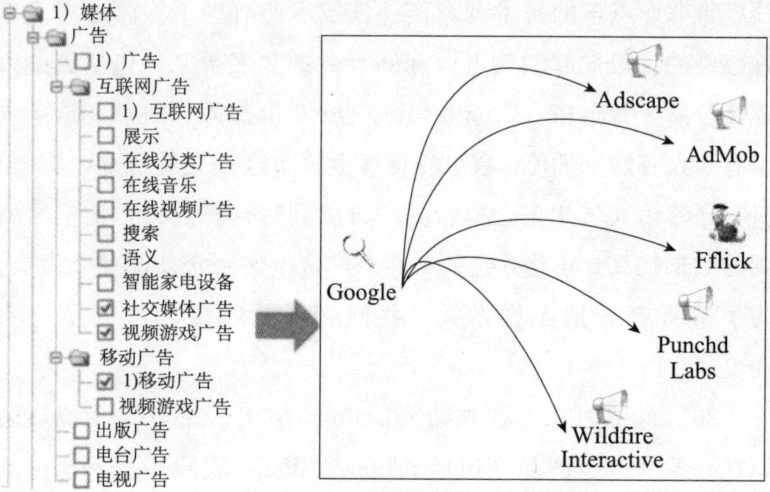

图 5.4　事关更多格式广告的交易

价收购了视频游戏公司 Adscape。开发人员可借助 Adscape 的 AdverPlay 产品，将动态广告嵌入游戏内部。在某种程度上，收购 Adscape 公司，是对 2006 年微软斥资 2 亿美元收购另一家游戏内广告公司 Massive 的回应。

● 移动广告。2009 年 11 月，谷歌公布了以 6.81 亿美元股票加现金收购移动广告行业的新公司 AdMob 的计划，苹果此前也曾对 AdMob 示好。（经过 6 个月的调查，美国联邦贸易委员会批准了谷歌/AdMob 的交易。）AdMob 在专门针对智能手机设计的网站上销售广告。该公司率先向苹果的 iPhone，以及使用谷歌安卓移动操作系统的设备推送广告。2011 年，谷歌的移动业务收入增长令人印象深刻，较 2010 翻了一倍多，事实证明，收购 AdMob 是关键一环。收入增长的主要部分来自安卓手机上的移动广告收入（2011 年达 25 亿美元）。

● 社交媒体广告。2011 年 1 月，谷歌以 1 000 万美元的估价收购 Fflick，该公司运营着一项主攻电影预告片、评论和评分的服务。用 Twitter 账号登录后，用户可看到一份高排名电影名单，用户所发的相关推文显示在每一部电影旁边。Fflick 由科特·威尔姆斯（Kurt Wilms）和 Digg 公司的 3 名前员工于 2010 年 8 月推出。团队/人才被分配到了 YouTube，着手进行以 Fflick 技术为基础的项目——显然，这是一项为了加速发展而进行的购聘。

● 移动广告。2011 年 7 月，谷歌收购了 Punchd Labs，它提供与产品相关的广告服务。Punchd 开发了用于客户手机的数字版会员卡。尽管谷歌已经投资了 Google Wallet 等手机支付应用，但在这一领域总找不到助推力。业内分析人士认为，现有的支付解决方案（如信用卡）本来就简单有效。2013 年，Punchd 关闭，团队“把时间和精力都用到和其他谷歌产品的整合上。”

● 社交媒体广告。2012 年 7 月，谷歌用 3.5 亿美元现金的估价加 1 亿美元的盈利能力支付计划/留任奖金收购了社交营销软件开发商 Wildfire Interactive。（这种大手笔的或有对价，显然意在激励 Wildfire 的创办人维多利亚·朗森和艾伦·查德继续领导公司 400 名员工的团队。）依靠 Wildfire 的技术，企业可在 Facebook、Google＋、Twitter、Pinterest、YouTube 和 LinkedIn 上开展服务营销和广告竞争。朗森领导了 Wildfire 融入谷歌的整合工作，负责为谷歌的展示广告部门制定社交平台战略。例如，DoubleClick 现在可利用 Facebook Ad Exchange（FBX），通过 DoubleClick Bid Manager 来销售广告。DoubleClick 的广告商则能根据 Facebook 之外的网页访问情况，定位 Facebook 用户。2014 年，Wildfire 停止了独立运营。该公司不再签约新客户，其产品被整合到了谷歌的通用广告技术平台。

对图 5.4 中的交易集群展开分析，可看到一些明显的特点：

● 我们在第三章中讨论的苹果对谷歌的交易浪潮现象（针锋相对的并购战），在包括移动广告和视频游戏广告在内的这些二级领域里清晰可见。Adscape 和 AdMob 这两家公司都是明显的例子。

● 谷歌积极地借助小公司购聘（如 Fflick 和 Punchd）在新产品领域进行实验，加速现有产品和服务的发展。

● 为在新兴广告渠道（社交、移动和视频游戏）获得立足点，刺激半有机生长，收购发挥了重要作用。

● 移动广告已经成为重要的品类先导，谷歌的并购活动有助于让它在这个竞争激烈的领域保住地位。我们会在第六章和第七章看到，谷歌还收购了不计其数的其他互联网及技术平台公司，这些公司对谷歌的移动广告实力有着间接但又不可忽视的影响。

媒体内容交易

虽然我们已经讨论过，收购 YouTube 是谷歌的在线视频广告交易集群里的基本元素，但在与媒体内容相关的收购集群里，YouTube 同样居于核心地位（见图 5.5）。

自 2006 年被谷歌收购后，YouTube 试过多种方式提高最初

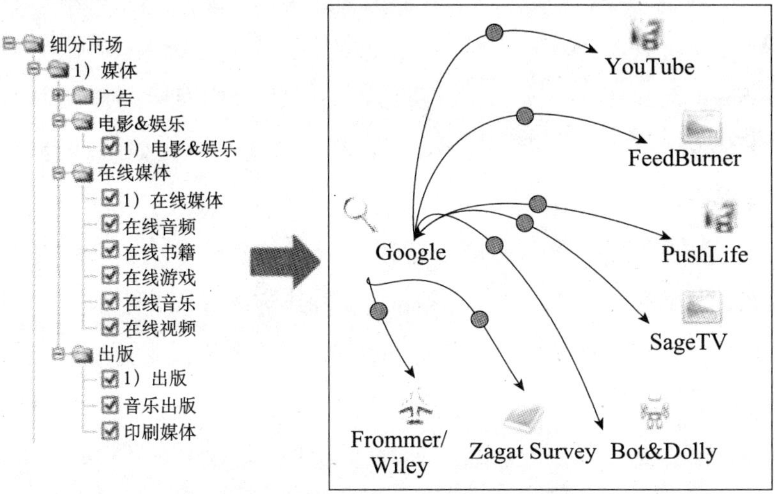

图 5.5 与媒体内容相关的收购样例

由用户生成的内容。如前所述，收购 Next New，就是谷歌培养高素质在线内容的初级尝试之一。YouTube 的“Next”举措就旨在为创作者的发展提供动力，加速合作伙伴的成功。

YouTube 和 Netflix（有着内部制作的大热门节目，比如《纸牌屋》等）等公司不同，基本上抑制住了直接制作原创节目的冲动。但 YouTube 正全力以赴地直接支持合作伙伴开发独特的媒体内容。

YouTube 并不直接给创作合作伙伴们数亿美元去创造数字内容，而是通过伦敦、洛杉矶、东京和纽约的创作空间为合作伙伴们提供适度的资金和制作服务。这种做法为 YouTube 提供了灵活性，方便它找到最优秀的创作者并给予扶持。

视频游戏高中（Video Game High School，VGHS）是一套系列网剧，背景是孩子们去学校（也就是视频游戏玩家们的霍格沃茨魔法学校）学习视频游戏。YouTube希望通过类似VGHS这样的方式，支持创作能吸引大笔广告收入的内容。最初的几集节目没有广告，但现在，VGHS的内容已经扩充为30分钟的正规剧集长度，得到了A级广告客户（比如道奇公司）的赞助。

为了在互联网电视这个新兴领域里保持竞争力，媒体创作注定要在YouTube的未来之路上发挥越来越重要的作用。2014年底，YouTube表示，自己有意再次提供资金，支持原创内容的发展。

除了YouTube，谷歌其他与媒体相关的并购交易往往涉及：（1）便于数字媒体发布的辅助技术；（2）老牌出版商开发的内容。

媒体辅助技术 毫无疑问，谷歌希望内容创作者能尽量轻松地制作、发布数字内容，尤其是在谷歌的平台上。以下是支持这一思路的部分收购（参见图5.5）：

● 2007年6月，谷歌收购FeedBurne，这是一家博客和其他媒体网站RSS联合内容输出商。为刺激RSS内容的发布，谷歌让自己的广告客户接入FeedBurner的新闻源。2014年，谷歌继续提供FeedBurner服务，但已不再积极主动地更新改善。随着Twitter等服务的出现，RSS的重要性降低了，具有讽刺意味的是，Twitter的运营者，就是FeedBurner的前创办人迪克·科斯特洛（Dick Costolo）。

● 2011年4月，谷歌以2 500万美元的估价收购PushLife。PushLife能让用户将iTunes和Windows Media Player的播放库

导入安卓等非苹果手机。PushLife 团队加入了谷歌设在加拿大基奇纳的办事处。2012 年，谷歌在美国推出了自己的音乐流服务 Google Play Music。

● 2011 年 6 月，谷歌买下了开发数字娱乐和移位解决方案的 SageTV。用户可通过现有的 PC 创作、操作媒体中心。2012 年，谷歌修改、更新了 SageTV，使之配合自己的 Google Fiber TV 服务。SageTV v8 用在了谷歌光线存储盒和电视盒里。

● 2013 年，谷歌收购 Bot & Dolly，该公司针对“电影自动化”使用机械人手臂。该公司的技术用在了热门影片《地心引力》(*Gravity*) 当中。

出版内容 谷歌涉足购买部分老牌出版社，但也碰到过一些重大挑战。图 5.5 列出了一些例子。

● 2011 年 9 月，谷歌以大约 1.51 亿美元的现金收购 Zagat Survey。Zagat 出版世界各地的餐厅点评。该公司的产品包括印刷指南、网站信息和移动产品。Zagat Survey 的创办人蒂姆·查格（Tim Zagat）和妮娜·查格（Nina Zagat）继续担任联合董事长。谷歌收购 Zagat 是为了便于自己打入快速增长的地方商贸市场。然而，Zagat 与谷歌的整合工作进展并不顺利。Zagat 的员工被当成了临时工，享受不到谷歌员工的福利，而且 2012 年底，还接到通知说，工作合同不再续期。我们会在第十二章对并购整合做更详尽讨论时介绍这桩交易的更多细节。

● 2012 年 8 月，谷歌以 2 200 万美元现金买下了 John Wiley & Sons Inc. 的旅游资产。这些资产包括 Frommer 和 WhatsonWhen 两大品牌的所有权益。此后不久，2013 年 4 月，谷歌改变路线，把 Frommer 品牌又回售给创始人阿瑟·弗罗默（Arthur Fromme）。不过，谷歌一直保留着 Frommer 的社交媒体账户。

Frommer 交易反映了谷歌在收购知名媒体资产（尤其是旅游行业）时的分裂态度。让我们来分析一桩为谷歌带来媒体战略冲突的互联网软件收购，看看这一两面心态。

谷歌对媒体的分裂态度

2011 年，谷歌收购 ITA Software，这是一桩饱受争议的交易。ITA 为航空业提供基于互联网的软件。该公司的产品包括航空公司和旅游分销商的机票定价管理系统，还有一套旅客订座管理和离港控制系统。这桩交易提出了一些问题：谷歌到底打算对在线旅游业务涉足到什么程度？

2011 年后，谷歌推出航班搜索，这是买下 ITA 之后带来的第一个产品。此外，谷歌把虚拟游览和定价信息都纳入麾下，继续改善酒店目录服务。

然而，按照有些人的估计，谷歌的广告收入有相当一部分来自 Expedia 和 Priceline 等在线旅行社。2014 年，在线旅行社在数字广告上花费了近 40 亿美元。[4]故此，谷歌对该在这一领域持何等进取程度有些矛盾。

谷歌或许从美国在线/时代华纳并购中汲取了一些教训，由于这笔交易为美国在线带来了时代华纳的媒体和其他内容，让前者经常跟自己的广告合作伙伴发生冲突，协调工作难以进行，频频失败。

我们在第一章考察了 iTunes 发展初期苹果对环球音乐的潜在收购意图，从分析中我们看出，并购会给公司带来重大的渠道/合作伙伴冲突。如何为自己的在线旅游业务定位，谷歌似乎左右为难。一些媒体内容交易（如 Frommer）就是在这种争论中遭到了双重打击。

Chapter 6

第六章

谷歌的互联网交易

谷歌运用并购巩固自己在搜索领域的地位，也借此不断扩充自己对互联网产品及服务的覆盖范围。本章中，我们将构建一套市场模型，帮助分析谷歌的互联网相关收购，探索这些交易的幕后原因。我们还将确认谷歌在人才和技术收购中三类主要成交后的并购活动。

网络服务/软件市场模型

图 6.1 描绘了一套我们用来分析谷歌在互联网服务和软件领域的市场模型。读者想必记得，市场模型必须是动态的，所以，如图 6.1 所示的结构也必须经常修订和更新。

虽然谷歌在这一市场模型分类树的每一领域都做过并购交易，本章中，我们主要集中阐述与模型中 4 个二级领域相关的交易。

1. 博客
2. 网络零售
3. 移动应用程序
4. 社交网络

请注意，我们将这些二级领域里的一部分（如移动应用程序）指定为互联网服务和软件的大标题（自带下属文件夹）。事实上，有人可能认为，移动的地位变得越来越重要，应该放到市场模型里更高的层级（跟媒体、互联网服务和软件、技术平台并列）。构建市场模型分类肯定不止一种方法。而且，我们反复强调，这些分类方案必须随市场条件进行调整。它们还必须针对企业发展管理人员对战略机遇及相关收购计划的观点变化做出响应。

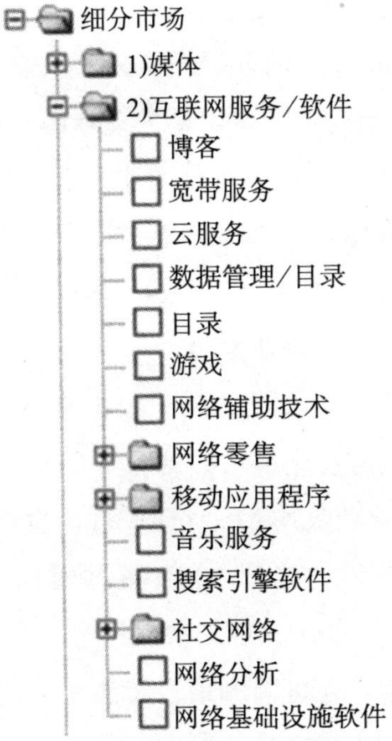

图 6.1　互联网服务/软件市场模型

博客

在谷歌历史的极早期，它就意识到了支持博客的重要性。2003 年收购 Pyra Labs，属于谷歌最早一批的收购活动。Pyra 的 Blogger 当时拥有 100 万用户，最初有人猜测，谷歌收购 Pyra 之后，会对 Blogger Pro 服务收取会员年费。

然而，事情很快变得清晰起来：谷歌的发展计划里并不包括 Blogger 订阅费。Blogger 只不过是为公司投放相关语义广告提供新的内容流通载体而已。

有趣的是，Blogger 的创始人埃文·威廉姆斯，后来成为了 Twitter 的联合创始人。威廉姆斯为 Twitter 早期提供了相当一部分资金，并担任了公司的首任董事长。我们会在第十三章对威廉姆斯做详尽介绍，他属于谷歌并购兄弟会里的著名人物之一。(并购兄弟会指的是把自己的公司卖给谷歌之后，又继续投身其他重大创业活动的企业家。)

多年来，谷歌继续通过并购途径扩充自己的博客技术和服务。与博客相关的交易集群可参见图 6.2。

● 2006 年，谷歌收购 Measure Map，发布者运用这一技术，可分析自己博客获得的流量。当年晚些时候，Measure Map 技术用在了 Google Analytics 的二次设计中，这项服务生成网站流量等详尽统计数据，还可监测销售转换率等营销数据——显然，这是一次半有机生长式交易。

● 同样是在 2006 年，谷歌收购了 Upstartle，它开发基于 Web 的应用程序（Writely），让用户可从互联网上访问、编辑文档。该公司还提供了博客张贴和其他互联网发布服务。加入谷歌时，Upstartle 的联合创办人克劳迪娅·卡朋特（Claudia Carpenter）发帖说："加入谷歌，能方便我们这支小小的团队完成从前力有未逮的事情。"显然，这又是一次针对人才和技术的半有机收购。

● 2007 年，谷歌以 1 亿美元的估价加留任奖金收购 FeedBurner。我们在第五章讨论与媒体相关的收购时介绍过它。FeedBurner 是一家 RSS 服务商，递送博客和其他媒体网站的协同内容。谷歌收购该公司，是为了让自己的广告客户能接入 FeedBurner 的新闻源。

● 此外，2007 年，谷歌收购了总部设在芬兰的微博/Twitter 式服务商 Jaiku。然而，2011 年，谷歌宣布将关闭 Jaiku 服

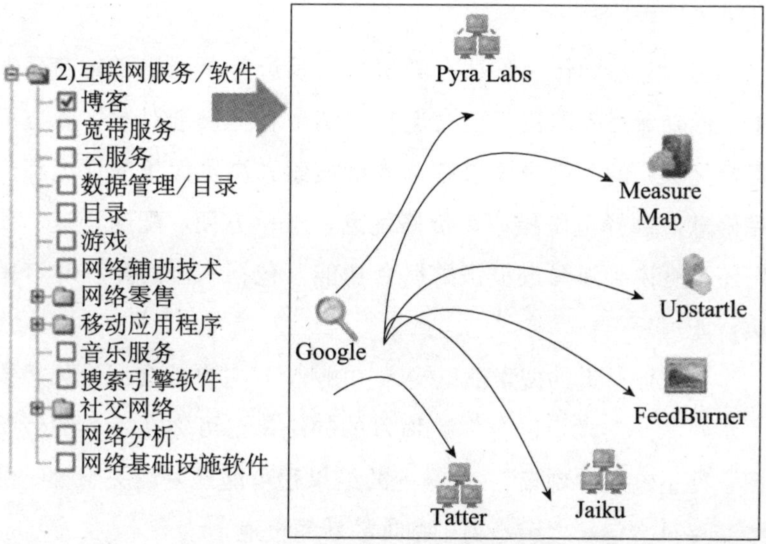

图 6.2　与博客相关的并购活动

务。并非所有并购活动都达到了交易成功指标。（我们会在第八章介绍谷歌的一些失败案例。）

- 2008 年，谷歌收购 Tatter，这是一家韩国博客软件公司，其博客平台叫作 Textcube。据报道，这是谷歌在韩国完成的第一桩收购，表明谷歌有意提高在该地区的存在感。

总体而言，我们认为博客始终是重要的内容流通载体和广告出口，谷歌会继续通过相应的并购活动，提高、扩充其发展。

网络零售

美国电子商务市场已经是一个庞然大物，据估计，2014 年的规模可达 3 000 亿美元。虽然提到网络零售，人们最先想到的名字是亚马逊，但谷歌有意改变这一现状。不过，这方面的尝试可不轻松。[1]

多数分析师认为谷歌在尝试与亚马逊竞争网络零售商品搜索上面临着巨大障碍。亚马逊在为消费者提供端对端体验方面肯定是领先的，用户可进行高效的搜索，浏览大量的评论和产品信息，选择范围极广，价格优惠，下单方便，配送迅速。我们还没有说到亚马逊极强的后台功能（包括一流的库存和订单执行能力）。

你在亚马逊的搜索框里输入"咖啡"，它自然会假设你想要买东西，并搜索最符合你购物目的的结果。可你在谷歌的传统搜索框里输入"咖啡"，最靠前的结果很可能是一篇关于咖啡的维基百科文章，之后是关于咖啡的新闻报道。

从 Froogle（是"frugal"和"Google"两个词的组合，有

“用谷歌最省钱”之意）开始，谷歌就为网络购物创造了垂直搜索平台，但这个品牌有点太扭扭捏捏了。谷歌后来将自己的商贸举措更名为 Google Shopping。但迟至 2015 年，许多消费者哪怕知道有 Google Shopping 这么个东西的存在，也不知道该去哪儿找它。

根据 Forrester Research 的数据，2012 年，近 1/3 的网上购物者会一开始在亚马逊上进行购物搜索，只有 13%的人一开始是用谷歌这样的搜索引擎。更重要的是，亚马逊产品搜索的地位年年上升，Google Shopping 的搜索却始终波澜不兴。[2]

和亚马逊不同，谷歌在网络零售领域并未做过 Zappos 式的收购。（Zappos 是一家网上鞋店及服装店，以卓越的客户服务闻名，2009 年，被亚马逊以 11 亿美元的股票及期权买下。）据报道，2010 年，谷歌曾跟网络团购服务商 Groupon 接洽过，并出价 60 亿美元购买该公司，但遭到断然拒绝。这次收购失败对谷歌或许是件幸运的事，因为没过多久，Groupon 就丧失了它高高在上的地位。

尽管如此，谷歌仍然在一点一滴地改进 Google Shopping，先是在单纯的文本搜索结果之外引入了产品图片和价格。2014 年，Google Shopping 改进了自己的产品目录广告技术，零售商能以 PPC（点击付费）为基础获得优质曝光量。在部分地区，Google Express 也跟 Amazon Prime 的“当日送”快递展开竞争。谷歌的首要目标是，通过产品搜索广告创造重要收入来源。

此外，谷歌还进行了一系列收购，改善自己在网络零售领域的地位。这些收购不见得都实现了成功，谷歌更多地将其当成实验项目，利用并购来为自己的电子商务活动检验可行的增值服务。

图 6.3 描绘了谷歌一些与网络零售相关的收购。这些交易暗示了谷歌打算怎样继续推进在这一领域的努力。让我们从图的左下方开始，顺着底部依次介绍其中的部分交易：

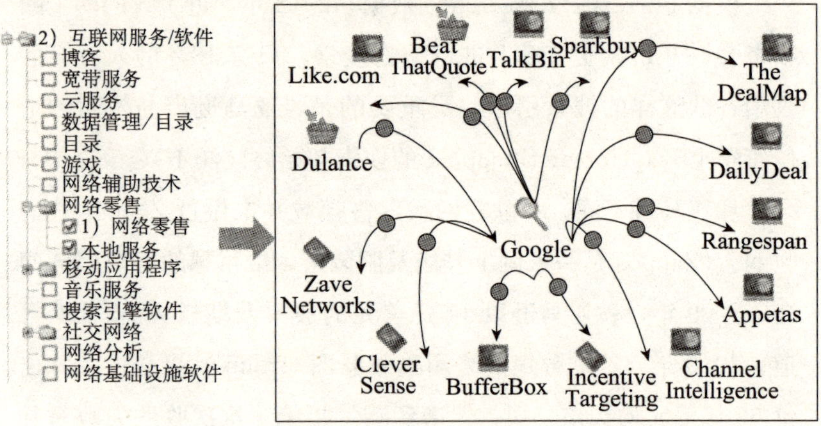

图 6.3　谷歌在网络零售领域的部分并购活动

● 数字优惠券。2011 年，谷歌收购了 Zave Networks。Zave 运营着一套在线促销项目平台，支持通过数字媒体分发实体店优惠券。2013 年初，谷歌推出了 Zavers by Google，零售商和制造商可以用数字优惠券来奖励忠诚的客户。2014 年，Zavers 遭到关闭，谷歌显然对产品的发展状况感到不满意。此外，2012 年后，谷歌收购了 Incentive Targeting，如图 6.3 中的信息图所示，这同样是一家目标购物者促销系统开发商。

● 个性化经营场所推荐。2011 年，谷歌收购手机应用软件开发商 Clever Sense，它可通过机器学习算法，个性化地向用户推荐附近的餐馆、酒吧和其他经营场所。然而，和 Zave 一样，2012 年，谷歌关闭了 Clever Sense 的应用程序 Alfred。谷歌希望将自己的功能整合到更少的产品里，场所推荐现在成了 Google Maps 的一部分。目前还不清楚 Clever Sense 的技术有多少做了重新部署。

- 电子商务收货亭。2012 年，谷歌收购 BufferBox，该公司将电子商务购买的产品配送到加拿大的实体杂货亭和便利店。BufferBox 的服务类似于亚马逊储物柜。收购 BufferBox 支持了谷歌的说法：它打算将自己的网络零售服务扩展到端对端的消费体验上。

- 产品搜索增强。2013 年，谷歌以 1.25 亿美元收购了 Channel Intelligence。Channel Intelligence 通过比较包括 Google Shopping 在内的购物网站，帮助零售商管理产品目录，支持其在整个网络上推广产品。如前所述，据估计大约有 1/3 的购物者在亚马逊上开始搜索，只有 13%的人从搜索引擎上开始搜索。谷歌希望 Channel Intelligence 有助于改变这些统计数据的面貌。

- 电子商务后台支持。同样是在 2014 年，谷歌收购总部位于英国的网上购物零售商 Rangespan。2011 年，亚马逊的两名前高管创办了该公司。Rangespan 为诸如特易购等公司提供后台服务。Rangespan 技术包括可支持零售商动态判断产品供应的实时分析。

考察这些交易，显然，谷歌正运用并购帮助推进网络零售，但也不是全无失败和教训。许多收购目标都关闭了，相关的项目也放弃了。和我们在前面看到的在线旅游服务一样，谷歌竭力避免重大冲突，步步谨慎，以防被视为跟自己的主要广告客户抢生意。

尽管如此，谷歌还是继续和亚马逊角力，努力成为用户挑选商品和服务时的搜索首选项，并通过大型并购改善其产品搜索技术。我们将在第十四章扩展论述亚马逊/谷歌的对峙和相关的收购活动。

移动应用程序

谷歌为了激发安卓手机操作系统的活力，收购了大量公司。在前面与媒体相关的应用程序里，我们探讨了部分收购。

本节中我们将展示谷歌在移动应用程序领域收购的多样性。在探讨这些交易的过程中，请考虑这些交易对促进谷歌半有机生长的意义。

图 6.4 勾勒出了与移动应用程序相关的部分并购交易。我们从信息图的左上角开始介绍这些收购。

- 移动应用小工具。2010 年，谷歌以 2 500 万美元的估价

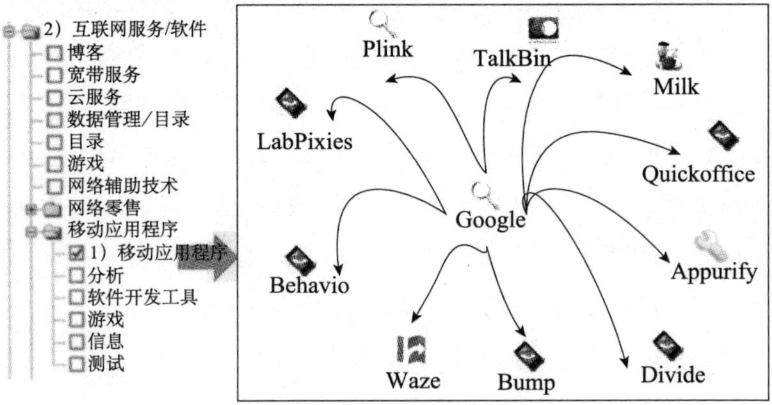

图 6.4　谷歌在移动应用程序方面的并购活动

收购 LabPixies。LabPixies 开发网页和移动应用，如个性化日历、待办事项清单、新闻聚合、游戏和娱乐软件。LabPixies 团队加入了 iGoogle 团队，在谷歌的以色列研发中心外部运营。LabPixies 是谷歌在以色列的第一桩收购，这以后，谷歌还将在该地区进行一连串其他的交易。2013 年，iGoogle 停止运营，谷歌表示："随着现代应用在 Chrome 浏览器和安卓等平台上运行，对 iGoogle 这类东西的需求日渐萎缩。" LabPixies 的创办人在谷歌待了 3 年，帮忙提升应用软件技术，之后离开谷歌创办了移动定点位置广告平台 ubimo。

● 可视化搜索。2010 年，谷歌收购了可视化搜索引擎开发商 Plink。Plink 的第一个产品是 PlinkArt，安卓移动手机的艺术识别应用程序。该应用侧重于通过用户提交的照片鉴定艺术品。Plink 的创始人马克·康明斯（Mark Cummins）和詹姆斯·菲尔宾（James Philbin）都加入了谷歌的 Google Goggles 项目，这是跟 PlinkArt 功能部分类似的移动搜索应用程序。截至 2013 年 5 月，马克·康明斯（牛津大学博士）仍然是谷歌的高级软件工程师，从事计算机视觉方面的工作。他所研发的系统，曾用于 Google Goggles、Translate、Drive 和 Google＋等产品。

● 客户服务反馈。2011 年，谷歌收购了 TalkBin，它为客户提供了一套可跟当地企业进行直接反馈的平台，客户可通过移动应用程序提交批评和意见。企业可以通过 Web 应用程序回应客户的意见。不过，谷歌后来报道说："过去两年，TalkBin 的使用量大幅萎缩，我们决定在 2014 年 7 月 31 日关闭这一服务。”这次地方商贸实验显然失败了。

● 只为了人才。2012 年，谷歌收购 Milk，这是 Digg 创办人凯文·罗斯（Kevin Rose）开发的一款移动应用孵化器。据说，谷歌购聘罗斯及 Milk 产品开发团队成员从事与 Google+相关的项目。此后不久，罗斯成为谷歌风险投资部门（这是谷歌企业内部的风险投资团队）的普通合伙人。

● 仍然是为了人才。2013 年，谷歌收购了 Bump，这是一款移动应用程序，两部智能手机之间可以无线连接的形式，在设备之间发送联系人、照片和文件。几乎在同一时间，Bump 就宣布将专注于谷歌的新项目。这笔交易显然并非为了技术，更多的是想要购聘 Bump 的人才。一份网络技术刊物猜测，大卫·利布（David Lieb，Bump 的联合创始人）可能正忙于谷歌自动驾驶汽车项目，把 Bump 的技术应用到车辆之间的短距离通讯上，避免更多的“磕磕碰碰”。[3]

● 办公功能。2012 年，谷歌收购了 Quickoffice。该公司为手机/智能手机和平板电脑提供办公软件解决方案。用户可借助 Quickoffice 在移动设备上创建和编辑微软 Word、Excel 和 PowerPoint 文档。后来，Quickoffice 的功能被整合到了谷歌文档、电子表格和幻灯片应用程序（Google Docs、Sheets 和 Slides），这是一次明显的半有机生长举动，把谷歌现有的技术与收购目标的技术混合起来。

● 预测分析。2013 年，谷歌收购移动设备软件开发商 Behavio，Behavio 的软件可感知背景环境，预测人类行为，比如用户接下来有可能到访的地方。该公司是来自麻省理工学院媒体实验室的纳达夫·阿哈尼（Nadav Aharony）、科迪·萨姆特（Cody Sumter）和艾伦·加德纳（Alan Gardner）创办的，当时三人还是在校学生。这三名创办人，后来全都加入了谷歌。

● 地图测绘。2013 年，谷歌以 9.96 亿美元现金收购以色列众包地图测绘和导航公司 Waze。（留任奖金会让这个数字大大增加，因为 Waze 证实，交易结束后，100 名员工将得到 1.2 亿美元。）谷歌将使用 Waze 的实时交通技术，加强旗下的地图服务。2013 年稍晚些时候，谷歌地图在安卓和 iOS 应用软件里推出了 Waze 的实时事件报告。有迹象表明，谷歌不会立即把 Waze 吸收到地图部门，而是让 Waze 继续独立开发，作为产品馈送器。

● 移动应用程序管理。2014 年，谷歌收购了 Divide，它开发的技术，能支持公司管理员工所用的日益多样化的移动设备。企业 IT 部门员工，可借助 Divide 的技术，保证公司员工智能手机和平板电脑的内部安全性。有了 Divide，谷歌的 Apps For Business 就可定位成一种更安全、对企业更友好的产品，方便公司从微软的 Office 软件过渡到 Google Apps。此外，Divide 的技术网络，以及和 Box、IBM、戴尔、威讯（Verizon）和沃达丰等公司的渠道合作伙伴关系，让谷歌有望在企业领域找到更稳固的立足点。Divide 的创办人曾在摩根士丹利的 IT 团队工作，对金融行业的需求有着深刻的认识。

● 移动应用程序开发。同样是在 2014 年，谷歌收购 Appurify，它为开发人员提供移动应用程序及网站自动检测和优化技术。Appurify 的 20 多名员工将加入谷歌。Google Ventures 已经为 Appurify 发起了一轮投资，所以这笔交易代表阶段性收购。应用程序的测试和优化已经成为安卓的一个重大问题。蒂姆·库克（苹果公司 CEO）强调安卓碎片化问题，大张旗鼓地说，有人把安卓叫成“有毒的漏洞窝子”。

我们肯定并未涵盖谷歌在移动应用空间的所有收购。不过，上述交易样例清楚地表明，把目标公司的人才和技术跟谷歌的产品及服务结合起来，这样的半有机生长，是谷歌在移动领域发展战略的主要推动力量。

社交网络

2014 年，围绕谷歌社交网络服务 Google+的未来，人们展开了非常激烈的争论。Google+在与 Facebook 的竞争中一败涂地，一些专家称 Google+已经成为“行尸走肉”。然而，也有人提出，谷歌让 Google+演变成了社交网络的底层环境，为 Hangouts 和 YouTube 等应用软件打下了基础，不能算是完全失败的。这样做，能让公司收集用户的喜好、兴趣和背景，运用在多个平台的针对性广告上。[4]

本节中，我们将研究谷歌在社交网络空间的一些收购（成功和失败的案例都有），了解谷歌希望让自己的社交活动朝着什么方向发展。如前所述，在社交领域跟上发展势头，对谷歌来说一直是最大的挑战之一。

图 6.5 显示了谷歌在社交空间完成的 10 桩并购。

- 早期的探索。2005 年，谷歌收购了 Dodgeball，该公司的技术能让人在 10 个街区半径范围内，向朋友和朋友的朋友发送文本信息。照片亦可伴随文本信息发送。该服务瞄准的是想要

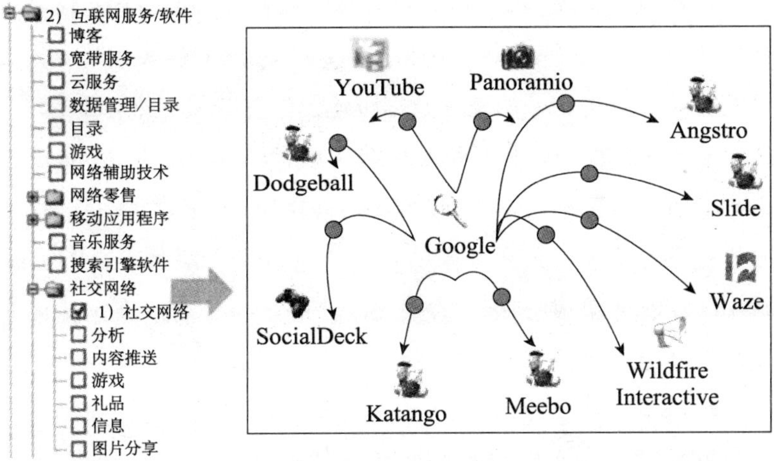

图 6.5　谷歌在社交网络领域的部分并购

方便地在当地酒吧或其他经营场所组织一场聚会的用户。公司由纽约大学互动电信项目的毕业生丹尼斯·克罗利（Dennis Crowley）和亚历克斯·雷内特（Alex Rainert）共同创办。2009 年，丹尼斯·克罗利因为觉得 Dodgeball 受到忽视，离开谷歌和他人共同创办了 FourSquare。FourSquare 成了一种热门的签到应用，功能跟 Dodgeball 类似，但有了一套经改进的移动 Web 用户界面。

● 视频社交的大型交易。我们已经讨论了谷歌 2006 年斥资 16.5 亿美元收购 YouTube，但论及谷歌重要的社交媒体交易，这次收购也不能忽视。YouTube 是网络上最顶尖的视频分享网站。2015 年，YouTube 继续在核心搜索领域之外，充当着谷歌的广告平台，带来越来越多的收入。YouTube 基本上获允以独立单位的形式来运作。

● 社交照片地图。2007 年，谷歌收购 Panoramio，该社区网站允许用户在 Google Earth/Google Maps 上插入照片。该技术把拍摄照片的精确的地理数据跟地图位置链接起来。2010 年，Panoramio 的联合创办人爱德华多·曼琼（ Eduardo Manchón）退出了谷歌，但他表示："收购有可能很复杂，创办人自己的噩梦则是网站在这个过程中未能存活，可过了一段时间，Panoramio 在谷歌感觉很舒服。"在谷歌，Panoramio 的地理定位照片集从 200 万发展到了 2 000 万。

● 社交业务信息。2010 年，谷歌收购 Angstro，这是一个社交网站，可在线发掘并分享业务信息。Angstro 的两名创办人，萨利姆·伊斯梅尔（Salim Ismail）和罗希特·柯海尔（Rohit Kohare）都加入了谷歌。Angstro（这个词来自波长测量单位埃，也即 angstrom，为一亿分之一厘米）尝试在用户的社交网络里推送"高度相关的、集中的新闻"，而不是提供散乱的随机搜索结果。2014 年，罗希特·柯海尔在自己的 LinkedIn 页面上表示，他正在谷歌从事开放式互操作社交网络工作。

● 社交应用程序。2010 年，谷歌以大约 1.8 亿美元收购 Slide。根据 TechCrunch 的报道，谷歌同意支付额外 4 600 万美元的员工留任奖金。[5] Slide 为社交网站开发在线应用程序，包括幻灯片、图像和视频个性化、留言板和虚拟礼物等应用。然而，一年后的 2011 年，谷歌宣布解散 Slide，将其社交努力集中在 Google+。Slide 的创办人马克斯·列夫琴（Max Levchin）离开谷歌，后来加入雅虎董事会。Slide 的其他许多员工加入了 YouTube 团队。

● 社交游戏。谷歌的社交并购热潮持续到了 2010 年，它买下了社交游戏创业公司 SocialDeck，该公司为 Facebook 及其他平台开发游戏。到 2014 年，Google Play 的游戏服务迅速发展，6 个月内的活跃用户超过 1 亿人次。

● 社交网络分类。2011 年，谷歌收购 Katango，它开发技术，分析朋友列表，生成相关人等，以便用户能更好地对社交网络分类。Katango 的应用程序可借助 Facebook 的数据，按人生阶段或活动，对社交联系人进行排序和组织。Katango 团队分配给了 Google+。奇怪的是，Katango 是 sFund 早期进行的一项投资，sFund 拿出 2.5 亿美元风险投资基金来支持社交媒体创新。该基金由凯鹏华盈公司管理，但 Facebook 为其提供投资指导，还是投资人。因此，买下 Katango，谷歌等于是收购了一家与 Facebook 有关联的公司！这一类型的收购，还将不止一次地出现。

● 即时消息聊天。2012 年，谷歌以 1 亿美元的估价收购 Meebo。有了 Meebo，用户可以横跨不同的即时消息服务聊天。Meebo 的核心产品遭到关闭，以便收购来的团队人才能够专注于与 Google+紧密相连的技术。

● 社交广告。同样是在 2012 年，谷歌收购了社交营销软件开发商 Wildfire Interactive，估价为 3.5 亿美元，外加包括 CEO 维多利亚·朗森在内的员工留任奖金。Wildfire 能让公司在社交网站上开展营销及广告推广活动。Wildfire 是所剩不多的独立社交营销企业，有着企业客户名单。而且，此前，Facebook 又一次通过凯鹏华盈 sFund 充当着该公司的投资人。2014 年，Wildfire 不再签约新客户，维多利亚·朗森表示，Wildfire 的技术会整合到谷歌广告技术平台。Wildfire 保留为独立实体的最后期限即将到来。

● 社会交通信息。我们在移动应用程序一节已经讨论过，2013 年谷歌以 9.66 亿美元现金收购以色列众包地图和导航公司 Waze。谷歌会运用 Waze 的实时交通信息，提升谷歌地图的技术。

交易成交后分析

从对社交网络交易的样例分析中，我们可以确认谷歌在成交后所进行的三种并购活动：

1. 交易结束后，目标公司的产品继续在谷歌内部存在，这样的收购至少满足若干重大的交易成功指标。YouTube、Panoramio 和 Waze 都属此类。总计 3 桩交易。

2. 交易结束后，目标公司的产品因为缺乏重要成功指标而关门结业。Dodgeball、Slide，甚至 Wildfire，可能都属于此类。（Wildfire 的部分技术配置在了谷歌的通用广告技术平台。）总计 3 桩交易。

3. 经典的购聘，目标公司的产品很快就被关闭，以便将收购来的人才/技术配置到谷歌的其他团队去。Angstro、SocialDeck、Katango 和 Meebo 都属此类。总计 4 桩交易。

根据成交后的情况将交易分为 3 类，这样的分类不见得总是那么一清二楚，显然，肯定也会忽略并购后整合涉及的一些精妙组织工作。不过，这种三方计划，为我们在第十二、十三章更深入地讨论并购整合提供了一个起点。

Chapter 7

第七章

谷歌的技术平台交易

虽然谷歌的主要生长土壤都来自媒体/广告及互联网/搜索，在技术平台这个涵盖范围越来越大的细分市场，它也在进行探索和拓展。

图 7.1 的市场模型高级模式样例，描述了谷歌在技术平台领域的相关情况。

本章中，我们要探讨的是，谷歌在技术平台下对自己战略方向有着重大意义的 3 个二级领域所进行的并购活动。

1. 智能手机

2. 智能家居

3. 机器人（和人工智能）

尽管这些二级领域的部分收购已经出现在我们先前的并购活动讨论中，但有必要从谷歌意图拓展技术范围和效力这一背景下对其重新加以审视。

智能手机

说起谷歌和智能手机市场的联系，人们自然而然会想到安卓。2005 年，谷歌以 5 000 万美元的估价收购安卓。安卓是一家总部设在帕洛阿尔托（Palo Alto）的小型创业公司，为智能手机开发操作系统软件。此次收购引来了谷歌要进入手机市场的传言，尽管当时人们并不清楚谷歌想在这个领域进行怎样的运作。

2007 年，谷歌公开了自己牵头发起的开放手机联盟（Open Handset Alliance，OHA ）下的秘密项目，推出了安卓这一智能手机设备开源移动操作平台。随着时间的推移，安卓操作系统成了手机的主要平台。到 2014 年，全世界超过 10 亿台智能手机和平板电脑都采用安卓操作系统。

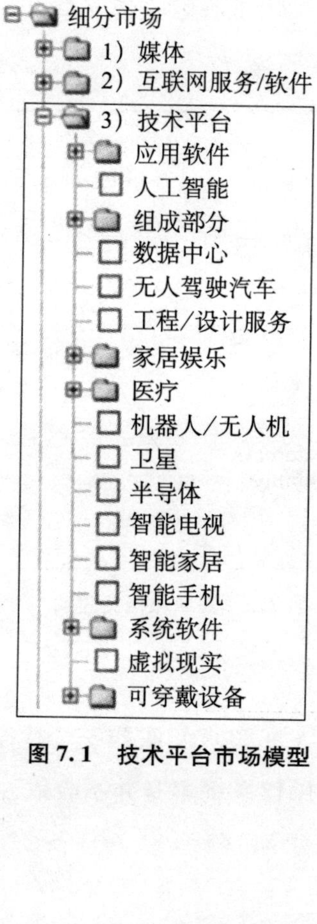

图 7.1　技术平台市场模型

早在 2010 年，谷歌当时的并购副总裁大卫·劳威便在斯坦福安塞尔研讨会（Stanford Accel Symposium）上评论说，收购安卓是谷歌“有史以来最好的交易”。劳威说，起初，他对这次收购持怀疑态度，但后来看到创办人安迪·鲁宾（Andy Rubin）在谷歌坚守了好几年，他盘算，“我希望这家伙能搞出来点什么。”反过来说，看到鲁宾在收购后坚持了好些年，的确能激发人的希望，劳威补充说，如果一桩交易推进不顺利，“人们就会离开”[1]。

图 7.2 的信息图列出了谷歌收购安卓以及其他一些与智能手机相关的交易。

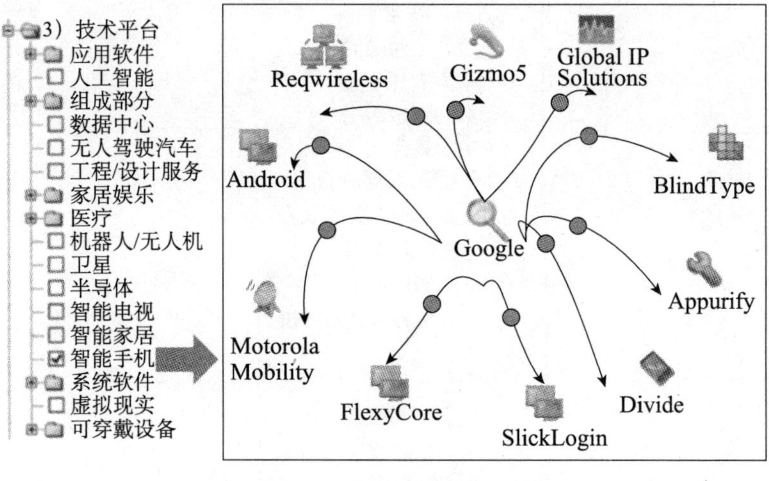

图 7.2　安卓和相关收购

手机操作系统

如前所述，有人认为 2005 年收购安卓是谷歌有史以来最好的交易。尽管谷歌对操作系统本身并不收取许可费，但安卓手机上展示的移动广告却让公司大为获利，此外 Google Play 商店也带来了收入。安卓开源战略，推动了业内对该平台的快速采纳，对谷歌以广告为基础的业务模式极为有利。

谷歌为向安卓提供直接的支持，进行了更多收购。例如，2013 年谷歌收购移动应用系统解决方案开发商 FlexyCore。FlexyCore 最出名的软件是 DroidBooster，它能改善安卓系统的速度，提高手机性能并延长电池寿命。FlexyCore 团队被整合进了谷歌的安卓团队。据报道，收购这家法国公司，经过了一年的酝酿，这可视为一场购聘型交易的漫长求爱期。

移动网页浏览和 IP 语音

收购安卓后不久，2006 年，谷歌收购了 Reqwireless，该公司为无线设备开发网页浏览器以及富媒体电邮软件。通过此次收购，谷歌在加拿大的滑铁卢地区（这里是黑莓手机的大后方）建立了无线技术前沿阵地。谷歌表示，它收购 Reqwireless，是“因为这里有天才的工程师和了不起的技术”。除了买下 Reqwireless，谷歌还积极在滑铁卢地区招募软件工程师和开发人员，以期在 2007 年发布安卓操作系统，让自己在无线技术方面抢得先机。谷歌进入了无线人才的圣地，半有机式地加速其移动能力。

2009 年，谷歌以 3 000 万美元的估价现金收购 Gizmo5。Gizmo5 为手机和个人电脑提供网络电话软件。Gizmo5 的技术支持用手机进行语音呼叫（呼入和呼出），跟 Skype 等产品展开竞争。谷歌把 Gizmo5 的技术整合到了 Gmail/Gtalk 当中，用户可直接从 Gmail 收件箱打电话。

此外，2010 年，谷歌以 6 820 万美元现金收购了 Global IP Solutions (GIPS)。GIPS 针对 IP 网络开发实时语音和视频处理软件。谷歌的收购，反映出它相信，未来几年，IP 网络视频对话的需求（主要以移动设备为主）会大幅增长。2011 年，谷歌使用 GIPS 技术发布 WebRTC（网络即时通信），这是一套浏览器端无插件语音呼叫、视频聊天、点对点文件共享的推荐标准。

智能手机键盘

使用智能手机的一大挑战是输入局限性。2010 年，谷歌收购了虚拟键盘开发商 BlindType。有了 BlindType 的技术，用户无须看屏幕，就能进行触摸屏输入。该软件允许用户在屏幕的任何位置输入，BlindType 将根据输入字母的邻近位置，预测人想要输入的是什么单词。2011 年，安卓 4.0 版（版本名：Ice Cream Sandwich）的键盘，显然就是根据 BlindType 的技术构建的。

进入智能手机领域的重大举措

2011 年，谷歌以每股 40 美元的现金、总计 125 亿美元的价格收购摩托罗拉移动公司，这是当时最大规模的收购。这个价码相当于对收购目标之前的收盘价溢价 63%。收购摩托罗拉，将把谷歌手里本来不多的专利库（大约2 000项专利）扩展到大约 20 000 项。摩托罗拉还有另外 7 500 项专利有待批准，此次收购能让谷歌更好地保护自己，防御更底层的专利权攻击，并在全球专利谈判和诉讼中获得更多优势。该交易让谷歌以高姿态进入手机业务，甚至可能加强硬件软件的整合——长久以来，软硬件整合一直是苹果公司的主要竞争优势。不过，这笔交易也存在争议，主要的担忧来自它会对现有安卓设备制造商造成何种影响，后者现在或许会把谷歌看成竞争对手。2014 年，谷歌宣布了把摩托罗拉卖给联想的计划，结束了它作为重要手机制造商的角色。有关这桩交易的更多细节，我们将在第八章讨论失败交易时再做介绍。

智能手机身份验证

2014 年，谷歌收购 SlickLogin，该公司开发的技术，能让用户把智能手机放在计算机或平板电脑旁边，校验受密码保护的账户。SlickLogin 对谷歌很有吸引力，因为后者一贯认为，应该简单方便地保障安全，"登录应该轻松，而不是令人沮丧；验证应该有效，但又不妨碍人"。SlickLogin 的创办人曾在以色列国防军的网络安全部门工作过。这支三人团队将以小购聘的形式加入谷歌，从事安卓工作，让谷歌的手机业务实现半有机生长。

移动设备管理

2014 年，谷歌收购了 Divide，该公司开发的技术，方便企业管理员工手里越发多样化的移动设备。和苹果公司不一样，谷歌对自己 Play 商店里的应用程序控制历来不太严格，所以安卓程序更容易感染恶意软件。谷歌希望收购 Divide 能帮助安卓在企业市场更好地打开局面，方便谷歌将自己的 Apps For Business 定位为适用于企业的安全可靠的产品。Divide 的创办人曾在摩根士丹利的 IT 团队工作，也将带来金融行业需求的有益知识。

移动应用测试

同样是在 2014 年，谷歌收购 Appurify，该公司的技术能让开发人员自动检测、优化移动应用程序和网站。Appurify 创办于 2012 年，20 多名员工也将随收购加入谷歌。Appurify 将继续提供免费的跨平台服务，但随着它被整合到谷歌开发人员工具集里，其软件采用率有可能大幅提高。应用测试和优化一直是安卓存在的一个大问题。蒂姆·库克（苹果公司 CEO）强调安卓碎片化问题，大张旗鼓地说，有人把安卓叫成“有毒的漏洞窝子”。

总体而言，到 2014 年，安卓不光提供了一套有望助推移动广告市场迅速发展的平台，还借助 Google Play 应用商店支撑了这一热火朝天的市场。如今，它对极为成功的苹果应用商店发起了挑战。

收购安卓，以及与安卓相关的半有机并购，为谷歌带来了远超它进军移动平台时所能想象到的丰富收入源。安卓就算不是谷歌最划算的收购，也必然属于金牌交易之列。

智能家居

图 7.3 显示了谷歌开展的与智能家居相关的收购。

2014 年，谷歌以 32 亿美元现金收购 Nest Labs，这是谷歌迄今为止的第二大手笔收购案，仅次于摩托罗拉。Nest 是物联网（Internet of Things，IoT）领域的顶尖选手，所谓的物联网，就是依靠通信技术，让日常物品变得更高效、更便捷。该

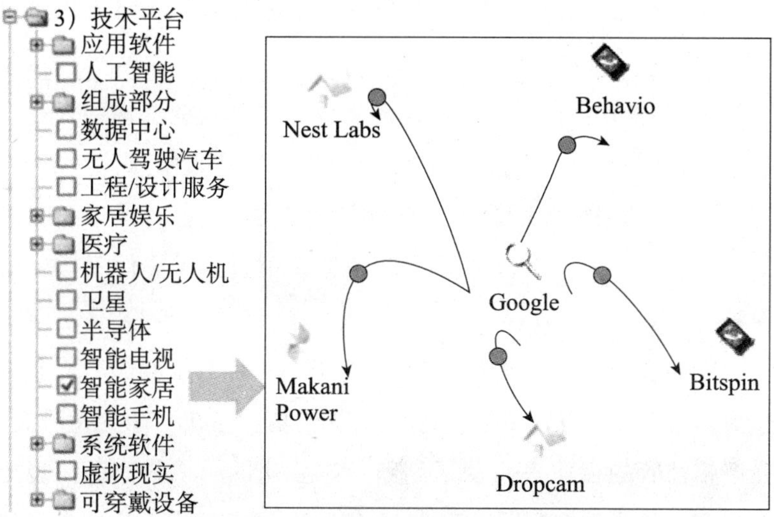

图 7.3　谷歌与智能家居相关的收购

公司的首批产品包括家用智能恒温器和烟雾警报器。

Nest 交易反映出谷歌尝试超越核心广告业务进入智能家居领域的多样化努力。谷歌称，Nest 将继续在自己的品牌下开展运营，销售自己的产品，为现有及将来的客户提供支持。目前还不清楚 Nest 的客户数据是否会与谷歌共享。

智能家居领域的锚点式交易

收购 Nest，为谷歌在赌桌上增加了一大笔筹码，因为它早已暗示，自己有意成为智能家居领域的主要竞争者。

Nest 于 2010 年由托尼·法戴尔和马特·罗杰斯（Matt Rogers）创办。Nest 的创办人表示，公司的目标是创造“有意识的家”，家里的设备和住户都互联互通，好让整个家更智能，提高设备的性能。随着高新技术产业制造出能进行交互式操作的可响应设备，物联网领域正受到大量的关注，获得大规模的投资。

Nest 推出的第一款产品是智能恒温器，它能了解到人在不同时间喜欢什么样的温度，从而节省能源。有人吹捧该产品说，“如果苹果公司发布恒温器，它就该是这样。”它的视觉形态简单，富有吸引力。Nest 想要重新塑造家里没人关心但又重要的设备。

Nest 宣布它每月能够出货大概 40 000 台恒温器之后，业内盛赞该恒温器产品不光在财务上大获成功，还在一个变化缓慢、受严格监管的行业里启动了创新。该公司的第二款产品，智能烟尘和二氧化碳探测器，于 2013 年秋季推出，该产品的表现如何不太明朗。2014 年传出消息，说运动传感器的缺陷能在无意间关闭警报器，令销售陷入停滞。然而，整体的反馈是积极的，这两种产品之间能够进行通信，表明存在一个更大的发展空间。

Nest 的产品围绕能让设备直接互联互通（或通过用户的移动设备互联互通）的操作系统开发。产品可接入互联网，自动下载、更新软件，修正错误，改进性能，增加新的功能。

从人才角度说，创始人法戴尔和罗杰斯均是苹果公司的前员工。法戴尔的技术尤其具有吸引力，因为他是公认的“iPod 之父”，在设计、工程和产品投放市场营销及运营方面都有着丰富的经验。交易结束后，他将留下来继续运营 Nest。Nest 不是一桩小型购聘，显然可算是一桩大手笔购聘。（我们会在第十三章讨论购聘的 4 种形式。）

收购的第二个原因，涉及苹果有意买下 Nest 的传言。我们在第三章看到，多年来，谷歌和苹果在并购竞争和双头并购潮里多次过招。

最后，有了 Nest，谷歌就抢在前头把智能恒温器打入市场。谷歌此前曾为进入智能家居市场做过许多不怎么成功的尝试，Nest 能帮助该公司克服失败，强势打入这一市场。谷歌希望重振它此前的家居安卓倡议，早在 2011 年，它就宣布要让安卓设备连接家园。

半有机生长的目标很明确。一如 Nest 宣称："谷歌将帮助我们全面实现'有意识的家'这一愿景，让我们比单干时期更快地改变世界。"

行为分析

2013 年，谷歌收购移动设备软件开发商 Behavio，他们的软件可感知背景环境，预测人类行为，比如用户接下来有可能到访的地方。该公司是来自麻省理工学院媒体实验室的纳达夫·阿哈尼、科迪·萨姆特和艾伦·加德纳创办的，当时三人还是在校学生。Behavio 是一桩典型的购聘，因为所有的 3 位创办人都将加入谷歌。

虽然 Behavio 交易收购来的人才和技术可应用于多种谷歌产品和服务，但不妨也想想它与智能家居和 Nest 之间的联系。谷歌可以利用 Behavio 的数据收集能力，以优化性能，让智能家居"更智能"。例如，用户可以在回家的路上提前通知恒温器，让它自动改变设置。反过来，Behavio 的技术可以接入 Nest 的产品数据，跟自己所收集的用户相关数据模式整合到一起。

智能家居的绿色能源

2013 年，谷歌收购了 Makani Power，这是一家开发空中风力涡轮机的绿色能源创业公司。谷歌此前曾为该公司投资 1 500 万美元。Makani 将在 Google X 先锋项目下继续培育。

Makani（夏威夷语里是“风”的意思）开发的技术，是把带涡轮机的风筝垂直向上旋转地放飞，让它捕捉到更强、更稳定的风，用风力发电机发电，并通过系绳将电接入电网。空中风力涡轮机承诺比传统涡轮机在动力学上更高效，在任何风速下都能发出更多的电。空中风力涡轮机在 80～350 米的高度运转，在很多地方，这能更经济地产生风电。例如，美国 2/3 的陆地（比传统可利用风力发电的面积要大得多）上，空中风力涡轮机都可经济地产生风电。

谷歌对物联网的宏伟愿望里能看到它的身影吗？Makani 的空中风力涡轮机，Nest 对家居进行调控和自动管理的产品组合，有可能成为物联网下的两大“智能”节点。不过，Makani 的技术还处在实验阶段，只有时间才能证明它是否会广泛付诸商用。

家庭保安

2014 年，谷歌宣布收购 Dropcam 的计划，该公司开发可通过 Wi-Fi 连接、向移动应用程序传输流媒体视频的摄像头和服务。该服务根据 Dropcam 摄像头感知到的活动发出警报，用户可以在自己不在家时，跟家中人（比如孩子）通信。该公司的产品和服务常用于家庭保安系统。

买下 Dropcam 后，谷歌/Nest 继续增加新的产品和服务，推动它在各种各样的可接入网络设备中成为主导的家居操作系统。

智能家居应用程序

同样是在 2014 年，谷歌收购 Bitspin，该公司根据睡眠周期理论，开发了一款精致的闹钟软件 Smart Rise。这款时尚的应用程序可使用移动设备在安卓操作系统上运行，并能通过 Google Play 下载。Bitspin 的 Timely 软件，则可在用户的多台设备中同步进行闹钟设置。谷歌为了让自己的服务和苹果展开竞争，显然十分重视精致的软件设计。

谷歌通过 Nest Labs 及相关收购，逐渐朝着成为智能家居枢纽的方向迈进。2014 年 6 月，Nest 推出了开发计划，允许其他应用程序和设备访问 Nest 用传感器检测到的其他设备。这些服务/设备就能以 Nest 作为枢纽彼此通信了。业内认为，向其他服务/设备开放接入权限，“对 Nest 再造不起眼的恒温器这一使命不可或缺，这就相当于苹果将手机再造成以应用程序为中心的设备”[2]。毫不起眼的恒温器，有可能发展成一套家居生活操作系统平台。

机器人与人工智能

人们普遍认为，Google X 就是谷歌的登月计划。2005 年自动驾驶汽车的浪漫憧憬，触发了这一研究实验室的概念。在莫哈韦（Mojave）沙漠的一轮障碍赛里，拉里·佩奇亲眼看到斯坦福大学计算机科学家塞巴斯蒂安·史朗（Sebastian Thrun）

率领的一支团队赢得了无人驾驶机器人挑战赛（DARPA Grand Challenge），得到200万美元的奖金，他们的机器人汽车“斯坦利”跑赢了所有的对手。

佩奇和史朗发现，两人对机器人和人工智能有着共同的兴趣。2007年，史朗带着几名学生加入了谷歌街景测绘项目。2009年，史朗发起自动驾驶汽车项目。15个月内，谷歌的无人驾驶汽车成功地在洛杉矶和硅谷的街道上巡航穿梭。[3]

本节中，我们将研究支持谷歌打入机器人和人工智能领域（尤其是突出的地图测绘技术和无人驾驶汽车）的收购集群。行为经济学家和数据科学家科林·刘易斯（Colin Lewis）指出：

> 地图显然处于谷歌在无人驾驶汽车、网络购物、搜索和可穿戴技术等方面发展战略的核心。最近多桩机器人收购，将增强谷歌的移动战略，改善其送货服务、硬件能力，以及最重要的本地化经验。谷歌的地理数据，有望成为其最有价值的资产。价值不光来自数据本身，更在于位置数据能让谷歌所做、所知的其他一些更有价值。[4]

图7.4的信息图列出了谷歌与机器人、人工智能和无人驾驶高度相关的收购。

早期的地图测绘技术

在谷歌的企业发展史上，它很早就对地图测绘产生了兴趣。2004年，谷歌收购ZipDash，它开发减少日常通勤挫败感的技术，同时又怀着让驾驶员对何时离开、选择哪条路保持控制感

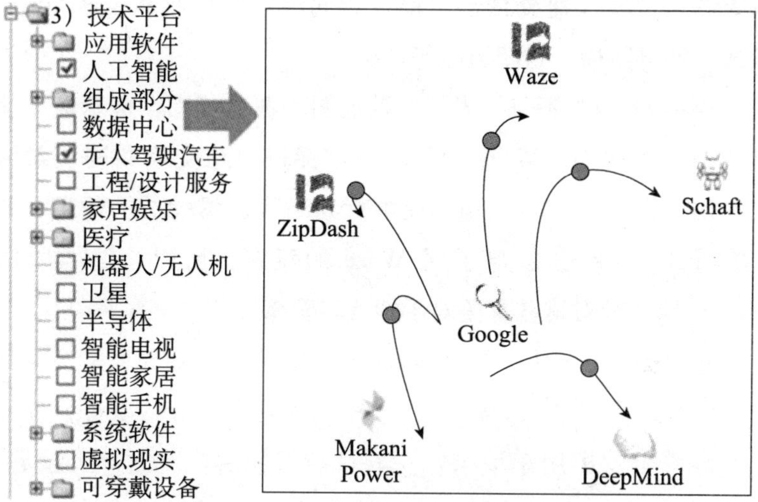

图 7.4　谷歌与机器人、人工智能和无人驾驶高度相关的收购

的目标。ZipDash 收集“手机用户的位置信息，来自出租车和货运车队的数据，并捕获公路传感器的数据，根据交通速度生成带绿色、黄色和红色箭头的地图”。2007 年，ZipDash 的技术出现在 Google Traffic 当中，谷歌地图用这一功能展示主要道路和高速公路实时交通状况。ZipDash 的工程师还帮忙开发了日后成为“我的位置”的技术，用户可根据自己的当前位置进行搜索。

众包交通信息

2013 年，谷歌以 9.66 亿美元外加留任奖金收购 Waze，代表它对地图测绘的热衷达到了新阶段。Waze Mobile 2008 年创办于以色列，是一款众包交通应用程序，旨在“帮助人们创建本地驾驶社区，共同努力改善每一个人的日常驾驶质量”。为实现这一目标，Waze 允许“驾驶员创建、使用实时地图，实时交通更新，对最优通勤依次导航，并向整个社区报告交通状况、事故、警察路检、封闭道路等情况”。

Waze 的规模不仅扩大了谷歌地图的覆盖范围，也新增了消费者参与的层面。Waze 的使命是“促进道路交通共同利益”，它向用户授权，方便互动，提供有利于其他驾驶员的信息。苹果和 Facebook 也参与了对 Waze 的竞标；所以，谷歌收购 Waze，也是针对这些竞争对手的战略防御。

想想 Waze 交易对谷歌自动驾驶汽车方面的业务可能会有什么样的长期战略意义。假设有这样一套完全整合的服务：你通过智能手机发出用车请求，一辆自动驾驶的汽车过来，接着，它借助 Waze 技术提供支持的谷歌地图导航，把你送到目的地。虽然上述场景有点太科幻，但谷歌已着手集成部分要素，创造无缝集成的搭载运输系统，整个过程甚至不需要人拿出钱包或者钥匙串。

2013 年 8 月，Google Maps 在安卓和 iOS 平台上推出了 Waze 的实时事件报告。这表明，谷歌不会把 Waze 吸收到自家的地图里，而是允许 Waze 保持独立，充当产品供给方，把精选出来的功能纳入 Google Maps 和其他服务项目。

机器人驾驶员

在第二章中，我们介绍了谷歌在 2013 年所完成的 8 桩机器人集群式收购。现在，我们要把其中一桩交易放到无人驾驶汽车的背景下做些讨论。2013 年，谷歌买下了机器人公司 Schaft，这家公司设计开发采用水冷式电容动力运动系统的人形机器人。Schaft 的技术旨在让机器人变得更强壮有力，同时保持身形紧凑。

2013 年底，Schaft 的机器人称霸无人驾驶机器人挑战赛。五角大楼设立了一处“机器人新兵训练营”，其中包含 8 项挑战，比如关闭阀门、打开一连串的门、清理废墟、驾驶全地形车等。能完成全部挑战的机器人，显然有能力升级到借助 Google Maps 驾驶汽车，接送乘客。

绿色能源汽车

还记得我们之前讨论与智能家居相关的收购时介绍的绿色能源创业公司 Makani Power 吧？无人驾驶汽车充电站，是不是也有可能利用 Makani 的空中风力涡轮发电机呢？

人工智能人才

回想一下，2014 年谷歌买下 DeepMind 就是为了争夺人才。DeepMind 是一家人工智能公司，开发适用范围极广的学习算法，应对需要海量数据挖掘的敏感复杂场景。例如，使用 DeepMind 算法，Google Now 可以抓取你的 Gmail 收件箱，在特定的邮件快要到达时主动提醒你。

此外，DeepMind 算法可充当指导员，持续地为谷歌自动驾驶汽车提供驾驶方面的指点，让汽车在特定时间的特定道路上，对微妙的路线保持高度敏感。

技术平台的覆盖范围和未尽事宜

如图 7.1 所示，我们远没有穷尽谷歌技术平台覆盖的广大范围，以及支持相应平台的收购。然而，在对三大领域（智能手机、智能家居，以及机器人/人工智能）的探索过程中，我们可以体会到并购活动对谷歌在技术平台领域半有机生长的支持程度。虽然在这些领域，未来的市场鹿死谁手还说不清，但收购关键人才和技术，显然提高了谷歌的胜算。

从宽泛的战略角度来看，谷歌的这些举措，都旨在为用户减少烦琐事务，不管是手机、家居还是汽车驾驶方面的任务。这样一来，用户就有可能省出更多的时间观看数字视频，上网做其他喜欢的事情，让谷歌不断增加其一贯以来的核心业务（利润率丰厚的广告）收入。

Chapter 8

第八章

失败或关闭的交易

如第一章所述，谷歌在并购交易上的成功率令人羡慕，它宣称，最近几年，2/3 的交易都可视为实现了公司确立的重大目标。广义而言，如果一桩交易满足以下条件，则谷歌会视之为失败：（1）目标公司的技术没有整合到谷歌的产品里；（2）谷歌关闭了原本有意继续的一种产品；（3）团队的离开早于谷歌的期待。[1]

谷歌的并购纪录，可以说是谷歌历史上最好的。[2]诸如 Applied Semantics 和安卓等交易，也为谷歌带来了蓬勃的半有机生长。但谷歌也碰到过许多桩失败的收购。

我们不愿文过饰非，所以，在本章中，我们要讨论谷歌的一些重大并购失败，并讨论为什么这些交易没有达到谷歌的成功指标。

成功指标

在识别并购失败之前，我们首先要确定什么构成了交易的成功。在完善的并购计划当中，预先建立成功指标，并于收购结束后定期按照这些指标测量结果，是非常重要的方面。举个例子，让我们看一看，对 2013 年的 Makani Power 和 2014 年的 Nest Labs 来说，成功指标是什么样子的。

Makani Power 是一家绿色能源创业公司，制造空中风力涡轮机，把带涡轮机的风筝垂直向上旋转地放飞，让它捕捉到更强、更稳定的风，用风力发电机发电，并通过系绳将电接入电网。2013 年，谷歌以3 000万美元的估价收购 Makani。

谷歌为 Makani 设定什么类型的成功指标呢？由于这种技术的“登月”性质，Makani 的空中风力涡轮机尚未产生收入，所以典型的财务指标不合适，至少短期内如此。

但以下这些指标，或许可以用来评估 Makani 收购：

- 获得专利
- 初步模型构建时间
- 与其他谷歌产品（包括来自 Nest Labs 的智能家居产品）集成的里程碑
- 完成第一套商业可行原型的时间
- 制造成本曲线
- 发电量

此外，拉里·佩奇还确立了一个很实际但却非常规的指标，作为批准收购的条件。据 Google X 的负责人阿斯特罗·泰勒（Astro Teller）说，佩奇坚持：“……我们必须保证，不久的将来，至少要有 5 台设备崩溃。”[3] 我们稍后会讲述为什么佩奇认为需要以 5 台设备崩溃、坠毁为指标。

接下来我们来看 Nest Labs。2013 年，谷歌以 32 亿美元现金收购 Nest。Nest 设计、制造并销售传感器驱动、支持 Wi-Fi、自我学习、可编程的恒温器、烟雾探测器等设备，其使命是重新塑造“家里没人关心但又重要的设备”。

以下是一些可用来衡量 Nest 收购成功与否的指标：

- 产品的单位销售量（也可以通过这一指标估计 Nest 技术所覆盖的家庭数量）
- 和公共事业公司展开大规模合作（加速设备采用率）的进展
- 在美国覆盖的州的数量
- 新进入国际市场的数量
- 每户家庭平均节省的能源成本
- 开发 Nest 枢纽，为家里的安卓操作系统充当核心设备
- Nest 重要的管理层、设计师和工程师的留任情况

确立交易成功指标之后，就应当定期（比如 6 个月）对照这些目标测量实际结果。测量指标不应当放弃，除非有令人信服的理由。即便非要调整成功指标，最初设定的指标也不应当忽视，因为可以借助这些指标，评估管理层最初分析交易的技能。

总之，具体的交易确立成功指标后，就启动了跟踪收购成败的进程。

商誉冲抵和交易失败

商誉只是收购带来的结果，也只有收购能带来商誉。收购方为被收购方的净资产支付了超过公允价值，就带来了商誉。

举个例子，2006 年谷歌以 16.5 亿美元买下 YouTube，它分配了 11 亿多美元给商誉，比分配给商标和客户合同的 1 亿美元高得多。

对很多科技公司而言，商誉比其他主要资产负债项目（如物业、厂房和设备）要大得多。2013 年，思科公司的商誉约为其他主要资产负债项目的 500%，惠普为 265%，微软为 169%。

还有一些科技公司，商誉资产则相对规模较小。2013 年，一贯收购活动少的苹果，商誉仅为其他主要资产负债项目的 9%；三星的商誉则不到 1%。（由于这两家公司 2014 年的收购动作都更多了，上述比例肯定有所提高。）

商誉必须每年至少进行一次减值测试，凡是减值，都要减少营业收入。例如，2012 年，惠普宣布，对 Autonomy 的收购接受 50 亿美元的商誉减值。同样是在 2012 年，微软宣布，它接受 62 亿美元的减值，冲抵与 aQuantive 网络广告收购相关的商誉。

虽然我们看到，谷歌极其爱好收购，但截至 2014 年，它从未受到过并购商誉减值。（谷歌在收购资产上接受过商誉减值，比如 2014 年在摩托罗拉交易中接受过一项专利减值费。）这几乎意味着，谷歌所有的收购都取得了成功。商誉减值通常在细分市场的运营层面上进行分析，就算该细分市场的某些交易失败了，该市场内部的整体情况也仍可视为成功。事实上，谷歌有数十桩交易都归入了失败一类。

失败与实验精神

我们早前就指出，普遍的实验精神，是谷歌文化的一部分。喜欢实验的倾向，在谷歌的并购活动中也显而易见。当然，FlexyCore 这类的收购（提供应用改善安卓性能），其实验尝试的层面比 Makani Power 一类的登月计划式收购要低得多。

失败天然地与实验及风险挂钩。事实上，我们已经看到，对像 Makani 这样的收购，有计划的失败也可以视为成功指标——虽然这显得有些矛盾。对待这样的收购，谷歌认为，不必太过小心翼翼地进入未知世界。

鉴于谷歌的实验心态，人们都能想到有些并购活动会流产。此外，谷歌运用并购来扩大市场覆盖范围，有可能与自己的核心竞争力偏离太远，从而提高了风险水平。

所以，谷歌的一些并购流产可以归结到公司的“失败在所难免”态度。早在谷歌掌握庞大的财务资源之前，它的创办人就表现出了一种倾向：对有潜力改变世界运作方式的东西下注。按谷歌并购整合董事拉姆齐·阿林顿（Ramsey Allington）所说：“拉里和谢尔盖是科学家，他们相信，要允许人们失败。没错，失败耗费时间和金钱，但这种探索成就了我们。”[4]

不过，谷歌也有些并购失败的主要原因并不来自科学探索。让我们来考察其中一部分。

一些关闭的交易

图 8.1 的信息图列出了可以认为遭到失败的部分谷歌收购。我们将对其进行逐一探讨，找出这些交易让人期望落空的根源。

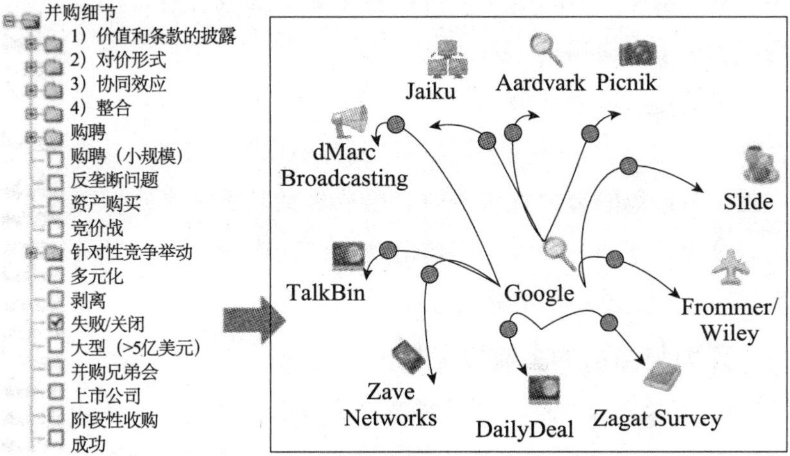

图 8.1 谷歌的一些并购失败

无法弥合的执行差距

2006 年，谷歌收购 dMarc Broadcasting，这是一家销售、调度、投送电台广告，并向电台广告客户报告情况的公司。按照 10-Q 报表，谷歌为 dMarc 支付了9 760万美元现金，外加高达 11.36 亿美元的现金或有费用。请注意，所谓的盈利能力支付计划（现金或有费用）在潜在对价里高达 90%！

2007 年，dMarc 的创办人查德·斯蒂尔伯格和瑞安·斯蒂尔伯格（Chad and Ryan Steelberg）离开谷歌，原因是他们和谷歌在电台广告流程应该达到什么样的自动化程度方面发生了明显的冲突。显然，dMarc 的两位创办人想要的销售人员比谷歌更多，也对低于预期的收入增长表示担忧。[5]斯蒂尔伯格称，考虑到和销售相关的盈利能力支付计划，谷歌欠他们的钱要多得多。（稍后，我们会在第十一章里看到，诸如 dMarc 等失败的交易，对谷歌采用盈利能力支付计划作为主要或有对价形式的做法产生了重大影响。）

接着，2009 年，谷歌取消了 Google Audio Ads，以及针对音频产品的 Adsence，打算卖掉电台自动化软件业务。改造电台广播广告市场的努力宣告失败。想要借助技术拍卖跟踪电台广告，这是行不通的。而让广播电台把广告时段拿出一部分来拍卖，也比最初预料的更具挑战性。[6]

无力与当前的主流服务抗衡

2007 年，谷歌收购了总部设在芬兰的微博/Twitter 式服务商 Jaiku。2011 年，谷歌宣布将关闭 Jaiku 服务。该服务从未顺利起飞，无法与 Twitter 等竞品服务展开有效竞争。看起来，没有太多人想在多个服务平台上发微博。

产品还在寻找市场

2010 年，谷歌收购 Aardvark，这是一套社会化搜索解决方案，用户可以通过即时短信和电子邮件，向自己网络里的人提出问题，寻找信息。

不过，2011 年，谷歌关闭了 Aardvark，因为搜索团队得出结论：问答形式在搜索里不会扮演重要角色。据了解，谷歌的并购团队强烈地感受到社会化问答在搜索里发挥的作用，只可惜，谷歌设想的搜索组织最终也没有出现。

2013 年，Aardvark 的联合创办人之一马克斯·文迪拉（Max Ventilla）离开谷歌，创办了 AltSchool，这是一家替代教育机构，针对孩子的特别需求和挑战来展开学习，而不是按照标准化考试结果推进固定的课程（我们会在第十三章讨论谷歌并购兄弟会时介绍更多有关马克斯的情况）。

把更多的木料放到更少的箭头背后

2010 年，谷歌收购 Picnik，这是一项在线照片编辑、分享服务，可在 Facebook、Photobucket、Flickr 和 Picassa 上跨平台工作。

2012 年，谷歌宣布计划关闭 Picnik。虽然关闭的理由并不完全清楚，但此举的动机很有可能来自谷歌的新主张“把更多的木料放到更少的箭头背后”（意思是集中资源到自己的拳头产品和服务上）。Picnik 的网站上说：“Picnik 正把其简单易用且功能强大的照片编辑工具转到 Google＋。”很明显，谷歌认为，Picnik 的服务虽然很受欢迎，但只不过是一种功能，无须独立存在。

备受尊重的创办人/企业家离职

2010 年，谷歌以 1.79 亿美元的估价加4 600万美元的留任奖金收购 Slide。Slide 是一家社交娱乐网站，为社交网站开发在线应用软件。Slide 为 Facebook、MySpace 和 Friendster 等网络提供幻灯片、个性化图片和视频、留言板和虚拟礼物等应用。

2011 年，谷歌解散 Slide，表示要关注自己的社交网络 Google＋。Slide 的创办人马克斯·列夫琴（同时也是 PayPal 的创办人）离开公司。显然，列夫琴发现自己在Google+遭到了边缘化。列夫琴后来找到了其他重大的机遇，并于2012年加入雅虎董事会！

使用日减

2011年，谷歌收购了TalkBin，它为客户提供了一套可跟当地企业进行直接反馈的平台，客户可通过移动应用软件提交批评和意见。该公司成立不到5个月，谷歌就收购了它。然而，到2014年，谷歌报告说，“过去两年，TalkBin的使用逐渐减少，我们决定关闭该服务……”

同样是在2011年，谷歌收购了Zave Networks，它运营一套在线促销项目平台，可在整个零售环节进行非现金价值的交换。该公司的平台支持通过数字媒体派发店内优惠券。不过，和TalkBin一样，2014年，谷歌关闭了Zavers，显然是对这一服务的发展状况感到不满。

浪漫折扣的失败

2011年，谷歌以1.14亿美元收购DailyDeal。该公司在德国、奥地利和瑞士提供每日促销优惠券，并被视为Groupon的克隆品。2013年，赫尔曼兄弟（DailyDeal的创办人）从谷歌手里购回其公司。团购市场热火朝天的时候，谷歌竞标Groupon受拒，便打算以DailyDeal支持Google Offers的国际扩张。而几年后，谷歌显然感觉这个领域转冷了。

整合混乱

2011年9月，谷歌以大约1.51亿美元的现金收购Zagat

Survey。Zagat 出版世界各地的餐厅点评。该公司的产品包括印刷指南、网站信息和移动产品。Zagat Survey 的创办人蒂姆·查格和妮娜·查格继续担任联合董事长。

谷歌收购 Zagat 是为了便于自己打入快速增长的地方商贸市场。该交易也凸显了谷歌在移动领域的活动。Zagat 对 Google Places 来说是个明显的增值品，能帮助后者跟 Yelp 等餐馆、酒店热门搜索公司展开竞争。

然而，2012 年，Zagat 的整合陷入混乱。支持这次收购的高级主管玛丽莎·梅耶（Marissa Mayer）遭到贬斥，最终离开谷歌，担任了雅虎的 CEO。Zagat 的员工被当成了临时工，享受不到谷歌员工的福利。虽然谷歌从 Zagat 收购中获得了非常有用的与餐厅相关的数据，但显然并未因这次并购整合提高自己的声誉，反而收获了负商誉。

与广告客户存在竞争

2012 年，谷歌以 2 200 万美元现金（还有 330 万美元放在第三方托管契约下）收购了 John Wiley & Sons 的旅游资产。这些资产包括 Frommer 和 WhatsonWhen 两大品牌的所有权益。Frommer 出版旅游信息（旗下包括 frommers. com 网站，它提供在线旅游指南）。

2013 年，谷歌改弦易辙，把 Frommer 品牌又卖回给创始人阿瑟·弗罗默。不过，谷歌一直保留着 Frommer 的社交媒体账户。正如我们在第五章看到的，谷歌广告收入有相当一部分（约 5%）来自 Expedia 和 Priceline 等在线旅行社。谷歌似乎不愿意过于激进地跟关键广告客户展开竞争。在在线旅游领域，最好是保持既不太冷淡也不太热情的"刚刚好"战略。分析家们本来对谷歌将在在线旅游领域展开何等程度的竞争颇有争议，可当他们还在争论时，Frommer已经消失了。

另一些不那么成功的交易

谷歌还有大量其他不够成功的收购，图8.1并未涵盖。例如，2012年谷歌收购社会化营销软件开发商Wildfire，2014年Wildfire因为在功能改进上明显低于预期遭到关闭。企业能借助Wildfire软件，在Facebook、Google+、Twitter、Pinterest、YouTube和LinkedIn上开展广告营销活动。谷歌将Wildfire的技术整合到了自己的DoubleClick平台里，似乎是承认Wildfire并未按照计划发展成一项创新服务。

然而，谷歌历史上最具争议性的收购或许也是它迄今为止规模最大的那次。我们现在就来讨论这次收购：令人费解的摩托罗拉移动交易。

收购后又迅速退出

回想一下，2011年，谷歌宣布统一以每股40美元，总计125亿美元的现金收购摩托罗拉移动。此次收购的价格比此前摩托罗拉的股票收盘价溢价63%。摩托罗拉公司的产品组合包括智能手机和平板电脑等移动设备、无线配件、端对端视频和数据传输、机顶盒和数据访问设备等管理解决方案。详见图8.2。

收购摩托罗拉移动，谷歌就在安卓生态系统里有了专门的

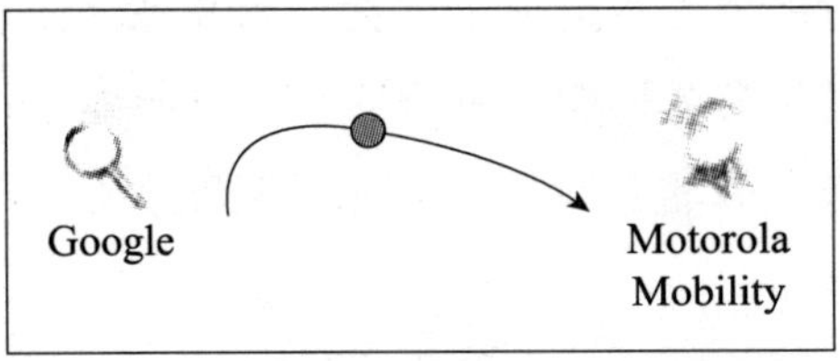

图 8.2 谷歌收购摩托罗拉移动

合作伙伴，能大幅扩大其移动专利数量。此次收购能让谷歌更好地防御专利权攻击，在全球专利谈判和诉讼中获得额外优势。

该交易让谷歌以高姿态进入手机业务，甚至可能加强了硬件软件的整合——长久以来，软硬件整合一直是苹果公司的主要竞争优势。

一直有人担心该交易会对现有的安卓设备制造商带来什么样的影响，后者现在或许会把谷歌视为竞争对手，从而采用诸如微软 Windows Mobile 等其他操作系统，或者建立独立的软件战略，从而破坏安卓生态系统。

摩托罗拉移动是世界上最大的机顶盒制造商，起初人们认为收购了它或许有助于谷歌与 Google TV（该设备的开局不太强劲）相关的商业举措。

然而，到 2014 年，除了构建专利库，谷歌基本上将收购自摩托罗拉的资产放手了。围绕这次收购是否成功，辩论十分激烈。

垂直整合：理论基础与挑战

从某种程度看，谷歌收购摩托罗拉，获得了一个垂直整合安卓平台的可选方向，但这个方向，给谷歌与其重要智能手机合作伙伴们的结盟关系造成了困扰。尤其是，谷歌的高管们开始担忧，三星在安卓智能手机市场里占主导地位，三星是否会与谷歌就合作关系重新谈判，要求获得更大的移动广告份额，损害谷歌的利益。[7]

如果谷歌与三星的结盟弱化，谷歌的安卓可以和摩托罗拉的设备单元建立特殊关系，效法苹果的软硬件一体化。考虑到紧密集成的优势，摩托罗拉的安卓智能手机可以成为卓越的产品。但这种垂直整合的做法（给内部价值链带来额外的环节）会面临重大挑战。

我们在第一章就看到，利用并购向价值链上游或下游移动，充满了种种危险。例如，我们讨论过，在苹果刚推出 iTunes/iPod 平台时，如果它买下了环球音乐（上游垂直整合），有可能面临什么样的矛盾。其他音乐供应商肯定不太愿意和一家有可能成为自己竞争对手的公司合作。

研究结果表明，为确定垂直整合的程度以及战略合作/外包的程度，管理人员显然经常会做出艰难选择。孤立地追求垂直整合还是战略外包，恐怕都是次优选择。管理者必须解决企业的总体整合界限问题，而不是孤立地进行分析。[8]这件事涉及了公司面临的一些最棘手的战略选择。

决定收购摩托罗拉移动的时候，谷歌就面临着这样的选择，交易结束之后，它还要继续面对垂直整合的挑战。

摩托罗拉移动的善后工作

2012 年，谷歌任命丹尼斯·伍德赛德（Dennis Woodside）担任摩托罗拉移动的首席执行官。伍德赛德曾在麦肯锡工作，也在谷歌担任过多个管理角色。伍德赛德马不停蹄地开始重组摩托罗拉。

2012 年稍晚些时候，谷歌以 23.5 亿美元把摩托罗拉移动的家用器材分公司（包括电视机顶盒产品）卖给了 Arris。谷歌最初曾表示，收购摩托罗拉有两大好处：

● 谷歌和摩托罗拉移动将共同加快移动运算领域的创新和选择。消费者以更低的价格获得更好的手机。

● 摩托罗拉移动的专利库，有利于保护安卓生态系统。安卓是开源软件，对移动设备领域的竞争至关重要，它确保了硬件制造商、移动电话运营商、应用软件开发商和消费者都拥有选择权。[9]

如果说，一开始还难以断定谷歌对摩托罗拉的机顶盒产品没太大兴趣，但把它卖给 Arris 之后，这一点就表现得再清楚不过了。

但对上述第一点好处，谷歌会采取怎样的举措，仍然不太确定。谷歌会在多大程度上尝试复制苹果的软硬件整合战略，“加快移动运算领域的创新和选择”，还是说，谷歌另有其他主要目标？

有可能，谷歌想要借此敲打三星，让它回到自己的阵营。三星一直是安卓快速增长的主导力量，占有 80%的安卓智能手机市场。但三星不光销售安卓智能手机和平板电脑，它还对安卓系统大作修改，改成了三星版皮肤“TouchWiz”，让安卓的样子不再那么谷歌，而显得更三星。此外，三星正在开发自己的操作系统 Tizen，跟 TouchWiz 界面非常相像。[10]

收购摩托罗拉，谷歌发出信号，它能够通过垂直整合自己提供智能手机产品，甚至有可能推出让三星丧失霸主地位的杀手锏产品。

2014 年 1 月，谷歌与三星签署了一项有效期为 10 年的专利协议。协议规定，三星将专注于核心安卓，淡化 TouchWiz。几天后，谷歌就公布了把摩托罗拉移动卖给联想的计划。[11]

事实上，2014 年 1 月下旬，谷歌进一步表示，会以 29 亿美元把摩托罗拉移动卖给联想。谷歌将获得 6.6 亿美元的现金，7.5 亿美元联想股票，以及 15 亿美元的 3 年期债券。谷歌将保留在原交易中获得的关键专利。凭借这次还算体面的退出，谷歌提升了自己的账面收入（因为摩托罗拉存在一定的运营收入亏损），改善了与三星等硬件合作伙伴的关系。

摩托罗拉交易的总体评价

谷歌快速挺进又退出智能手机制造业，引起了各方评估。有人批评谷歌垂直整合的冒进尝试，有可能对安卓生态系统造成巨大的伤害。也有人对这次冒险持肯定态度，认为它：（1）极大地增强了谷歌的移动知识产权；（2）一巴掌把过度自信的合作伙伴扇回了自己的阵营；（3）在经济上没有造成损害——至少没有太大损害；（4）和联想建立了很好的智能手机合作伙伴关系。

关于摩托罗拉的移动知识产权，谷歌肯定强化了自己对抗苹果和微软的堡垒。举例来说，在 2014 年三星和苹果之间发生的移动知识产权法庭论辩上，谷歌承担部分辩护费用，一旦官司打输，也愿意负担一定的损失，由此“捍卫并保障”三星。事实上，2014 年 5 月所做出的裁决，对苹果而言是一场惨胜，甚至得不偿失。

说到谷歌和三星之间共生共赢又充满紧张的关系，两家公司就专利问题达成协议带来的结果显然是，至少在可以预见的将来，三星将回到纯安卓的领地。

再有就是收购摩托罗拉移动的经济性。有人[12]对其财务结果做了如下分析：

谷歌支付：

- 125 亿美元（为摩托罗拉移动支付的总价）

谷歌获得：

- 29 亿美元（摩托罗拉的现金）
- 55 亿美元（谷歌保留下来的专利的摊还价值）
- 23.5 亿美元（Arris 为摩托罗拉家用器材分公司支付的总价）
- 29.1 亿美元（联想买下摩托罗拉移动的总价）

所得总价值＝ 136.6 亿美元

当然，同一来源也指出，这些计算并不包括谷歌买下摩托罗拉后所承担的运营亏损（据估计约为 20 亿美元）。（这一估算出来的经营亏损“成本”不包括谷歌获得的减税好处。）根据这一分析所得的总体结论是，从直接经济成本看，谷歌没有遭受重大损失，大概能做到基本持平。

但我们还必须考虑到摩托罗拉交易相关的机会成本和收益。

前文讨论过，好处是谷歌有可能把三星拉回安卓阵营。退出摩托罗拉的手机业务后，谷歌削弱了三星或其他智能手机制造商开发替代手机操作系统的风险。

此外，就与联想建立更密切的关系方面，谷歌也有很可观的上升空间。“（把摩托罗拉卖给）联想，谷歌获得了另一个有志于打入全球智能手机低价市场的合作伙伴，而这个市场，是为苹果所忽视的。”[13]

因此，以下是我们对谷歌/摩托罗拉移动收购的观点总结：

- 买下摩托罗拉，为谷歌带来了疏远其安卓硬件生态系统的重大风险。
- 谷歌迅速重组收购来的资产，保留了能提升自己在移动市场防御能力的专利库，并为此赢得了赞誉。
- 从直接的经济角度来分析此桩交易，谷歌并没出现太大的价值增益或损失。谷歌的确得到了一些间接的战略利益：重新调整了与三星的关系，与联想建立了以安卓为中心的新关系。

摩托罗拉这笔交易的确关闭了，但它不见得是失败的。灵活的动作外加少许运气，或许让谷歌在后方得到了些好处，免于遭受重大经济损失，最终还打开了一扇有可能创造不错收益的窗户。

Chapter 9

第九章

信息披露与保密

2014年2月下旬，苹果CEO蒂姆·库克在公司的年度股东大会上宣布，苹果公司于过去16个月收购了23家公司。消息传出，分析师和媒体立刻展开了寻宝游戏，想查明被收购的到底是哪些公司。

苹果公司在并购活动上出了名地爱保密，只有当交易遭到媒体报道之后才给出神秘的标志性评语："苹果会时不时地收购小型科技公司，一般而言，我们并不讨论自己的目的和计划。"

上市公司在什么时候必须公布收购呢？它什么时候必须披露该交易的估价和条款呢？收购方是否准许目标公司或第三方披露这些信息呢？收购方禁止信息披露的情况是否常见呢？

为什么像谷歌这样的公司会认为交易本身不是什么重要的新闻，故此淡化交易公告呢？谷歌在什么时候会希望收购保密，为什么？谷歌并购重组信息披露的方式，跟苹果等公司比较起来如何？

本章中，我们将探索什么样的并购活动会公开，什么样的会保密，进而对上述及相关的问题展开讨论。

美国证券交易委员会的信息披露规定

美国证券交易委员会（SEC）和美国财务会计准则委员会（FASB）规定，重大的收购或合并必须在下一年度的10-K或每季度的10-Q（特殊情况下可使用临时的8-K）报告里公开。此外，同样基于重大原则，上述规定还概述了哪些交易条款（如交易规模）必须披露。

“重大”（materiality）并没有具体的公式加以精确定义，而通常是由上市公司的律师和外部会计师决定。判例法指出，如果“存在相当大的可能性，理性的股东认为在做投资决定时必须要考虑它”，则该信息事关“重大”。美国财务会计准则委员会的《概念性公告2》（FASB Statement of Concepts ＃2)指出：

> 如果理性人所做出的判断，会因财务报表中包括或纠正某一项目而加以调整或受其影响，则该项目的缺失或错报事关重大。

一般而言，任何一年里所有收购的总对价都是要公布的，因为交易价格之和会贯穿整个财务报表。如果一个会计周期里只发生了一桩收购，则收购价可从现金流报表（如果是现金购买）或者股东权益变动表（如果是股权收购）中推算出来。[1]

可是，如果一家公司，比如谷歌，每年要进行多次（甚至数十次）收购，那么，除非专门披露，否则不可能从财务报表里确定任何一桩交易的购买价格。

公司财务报表是否以注释形式披露具体的交易（包括交易

价格和对价形式)，取决于收购的规模相较于公司的规模有多大，该收购是否可视为重大。

公司的企业律师和/或外部审计师往往会根据公司的市值、收入、资产或净利润，设定“重大”的阈值。考虑到像谷歌或苹果这样的公司市值动辄上百亿美元，这些公司可以进行数十次甚至上百次百万美元级的收购，却又不披露细节。

以下是 2013 年 12 月 31 日谷歌 10-K 报表的摘要，在财务报表的注释部分披露了与并购相关的信息[2]：

> 2013 年 6 月，我们以总计 9.69 亿美元的现金对价，完成了对 Waze 有限公司的收购，Waze 是手机地图应用程序供应商，其程序可由用户群体提交的事件和道路信息进行导航和实时交通更新……在总购买价格中，8.41 亿美元归于商誉，1.93 亿美元归于无形资产，此外谷歌还承担该公司6 500万美元的净债务。8.41 亿美元商誉主要来自收购后预计产生的协同效应。商誉并不用于税款抵扣。
>
> 截至 2013 年 12 月 31 日，我们还以大约 4.89 亿美元的现金对价完成了其他若干收购及对无形资产的购买，其中 2.68 亿美元归于无形资产，2.38 亿美元归于商誉，同时承担1 700万美元的净债务。这些收购提高了我们的专业知识(工程和其他功能领域)、技术和产品服务的深度和广度。商誉预计税前扣除的金额约为3 800万美元。

请注意：

- 谷歌只透露了 Waze 这桩收购的具体对价，以及购买价的具体分配情况。Waze 的收购价值约为 10 亿美元。

● 所有其他的收购和无形资产购入都并未在 10-K 报表里单独披露或估值。但提供了其他收购和无形资产购入的总价格（现金，4.89 亿美元）。考虑到谷歌光是在这一年里就完成了近 20 桩收购，不可能从上述信息判断每一桩收购的价格。

现在，让我们来看看苹果在 2013 年 9 月 28 日财年结束时财报注释里披露的并购相关信息[3]：

> 在 2013 年和 2012 年，公司完成了多桩业务收购。在 2013 年，总现金对价，收购所用的现金净值，为 4.96 亿美元，其中 4.19 亿美元归于商誉，1.79 亿美元归于无形资产收购，1.02 亿美元用于承担净债务。2012 年，总现金对价，收购所用的现金净值，为 3.5 亿美元，其中 2.45 亿美元归于商誉，1.13 亿美元归于无形资产收购，800 万美元用于承担净债务。

请注意：

● 苹果把并购交易里所有的对价都混到了一起。没有单独披露任何一桩交易。

● 我们将在后面看到，苹果在 10 多年的时间里，从未在每年的 10-K 报表中披露自己任何一桩收购的具体价格信息。直到 2014 年苹果用 30 亿美元买下 Beats，情况才出现改变。

公司对信息保密/披露的动机

除了谷歌、苹果等公司按规定要披露收购价格和条款之外，科技公司会受多种因素左右，决定是否披露并购交易的基本信息。这些基本信息包括是否公开宣布收购。

为什么不披露

对买下私营公司只披露最低限度信息甚至完全不披露，以下是部分因素：

- 不为潜在的收购目标提供估值指标，以便其用于将来的收购谈判。
- 不向竞争对手透露有用的信息（或是只透露极少的信息），以免后者判断公司未来的战略举动。
- 收购有可能带来短期的产品创新，不公布信息有助于拖延竞争对手的反应。
- 便于推出新产品或新服务时（有可能已经是收购完成后数月或数年）引发兴奋。

除了要求收购目标的创办人和员工不得披露收购估价、条款，甚至收购本身之外，收购方还常常要求投资银行家或者外部律师签署与并购事件相关的保密协议。收购协议可以声明，参与交易的目标及他人必须永久对估价和条款保密，从本质上说，也就是将此类信息视之为商业秘密。

一如前文所提，苹果往往对自己的并购活动采取极端保密的姿态。就算苹果收购的是一家上市公司，传统上，它也会做得尽量低调，不惹人注意。

例如，2012年，苹果以3.56亿美元的现金收购了开发指纹传感器技术的AuthenTec公司，该公司是一家纳斯达克上市企业。苹果没有发布新闻，也没有就此次事件举办任何分析师电话会议。此外，AuthenTec公司本来喜欢做任何事情都发新闻稿，这次也几乎没怎么宣传该交易。AuthenTec 公司只向证券交易委员会提交了所需文件。[4]

收购 AuthenTec 公司，证明了苹果公司重视“寂静无声”，在收购别的公司时，它很可能将之诉诸收购目标和其他第三方。相比之下，2014 年，蒂姆·库克大肆宣传的 Touch ID 指纹识别功能，就是来自 AuthenTec 这次收购。库克说 Touch ID“获得了令人难以置信的好评”。据信，Touch ID 支持了苹果维持 iPhone 手机平均销售价格溢价的目标。

当然，各方媒体到处寻找愿意说出交易细节的人，可能会让公司对收购保密的愿望落空。我们很快会看到，的确出现了很多第三方对交易本身、估价和条款进行估测。

为什么要披露

鉴于信息披露的规定，上市公司往往无法要求私营的目标公司做出并购交易保密的保证。因此，在与收购相关的最终协议中，披露需求往往会从交易保密条款里单列出来。一些私营企业主有可能反对公布清偿事件或相关细节，但他们必须了解，此类披露是收购方规定或是希望进行的。[5]

除了规定的披露，像谷歌或苹果这类科技公司或许也会出于以下原因，选择披露并购活动的具体信息：

- 向市场展示，公司正在进行或继续推进的一系列收购，属于其核心战略举措。

- 向竞争对手暗示，收购方有意进入特定市场领域，或希望提高其地位。

- 向其他创业家及风险投资家暗示，可以把本公司的并购视为可取的退出机会，从而打造顺畅的交易流。

- 劝说投资者，公司不仅仅坐拥现金储备，也在积极地通过并购寻找新机会。

一贯行事保密的苹果主动公布了完成的并购交易数量，或许正是出于后一考量。如前所述，在苹果 2014 年的股东年会上，蒂姆·库克宣称，公司在此前 16 个月里收购了 23 家公司。库克或许希望借助这一事实，劝说投资者，让他们相信苹果并不是傻坐在现金上，而是积极地进行资本配置，支持未来的发展。（苹果还按惯例进行了大规模股票回购和分红。）

与苹果不同，一般而言，谷歌会公布（或是鼓励收购目标或第三方公布）大部分的收购。根据内部估计，谷歌大约 95％的收购都通过新闻稿或博客文章对外公布。

例如，2014 年，根据睡眠周期理论开发出了相当精致的闹钟软件的 Bitspin 这样宣告："我们很高兴地宣布，Bitspin 加入了谷歌，我们将继续做我们热爱的事情：开发便于使用的优秀产品。Timely 将继续为新老用户提供美好的唤醒体验。"

尽管谷歌有着公布交易（或鼓励收购目标公布）的倾向，但它并不认为大部分的并购具有太高的新闻价值。相比而言，它更重视与特定收购相关的产品公告（通常出现在数月之后）。

价值和条款披露

现在，让我们来看看谷歌和苹果披露了交易估价和少数条款的并购交易。

谷歌的交易

图 9.1 列出了谷歌截至 2014 年 6 月所做的披露了收购价格及与交易相关部分条款的收购，上市公司以及私营企业都包括在内。不足为奇的是，我们看到了许多之前讨论谷歌收购战略时提到的公司。不过，这里的重点是价值披露。

请注意，图 9.1 里列出了 18 家公司。考虑到谷歌在此期间进行了 160 多桩收购，显然，谷歌对占总交易量 10%左右的收购，披露了具体交易价格。

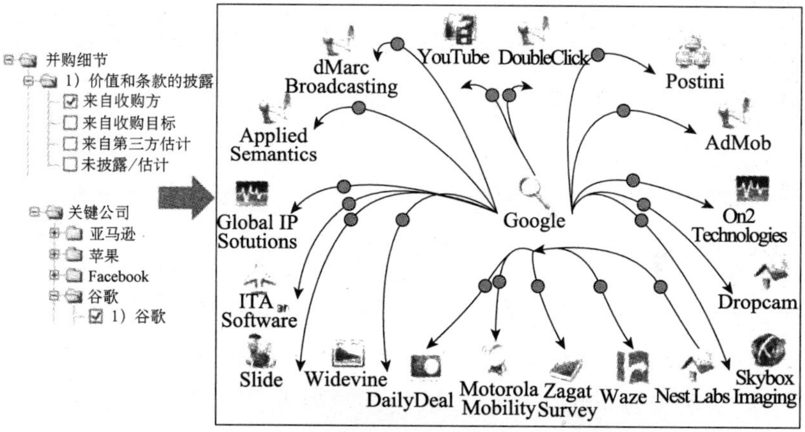

图 9.1 谷歌披露了购买价/条款的收购

以下概述了每一桩披露交易的购买价和公开条款：

- 2003 年（第二章已做过详尽介绍），谷歌收购了语义文本处理和在线广告技术开发商 Applied Semantics。

对价：1.024 亿美元，包括4 150万美元现金，价值6 090万美元的股票和股票期权；总价中8 420万美元归于商誉（来源：谷歌 S-1）。此次收购是在谷歌公开上市之前，故此，谷歌是在自己的首次公开募股申请书里披露上述信息的。

● 2006年，谷歌收购 dMarc Broadcasting，这是一家销售、调度、投送电台广告，并向电台广告客户报告情况的公司。

对价：9 760万美元的现金，外加高达11.36亿美元的现金或有费用（来源：谷歌10-Q报表）。一如我们在第八章中所说，所谓的盈利能力支付计划（现金或有费用）在潜在对价里高达92%！谷歌和dMarc创办人随后就并购后的执行事宜发生了冲突，令谷歌重新考虑以后该怎样运用盈利能力支付计划。我们将在第十一章做更详细的讨论。

● 2006年，谷歌收购了消费者媒体公司 YouTube，提供各种在线视频服务，包括业余人士拍摄的内容。

对价：16.5亿美元的换股交易（来源：谷歌10-K报表）。收购之后，YouTube继续保持独立经营，保留其品牌和所有员工，包括联合创办人查德·赫尔利和陈士骏。

● 2007年，谷歌宣布从 Hellman & Friedman、JMI Equity 和公司管理层手里买下 DoubleClick。DoubleClick 本来是买卖广告的实时交易市场，为广告机构、营销人员和网络出版商提供支持营销活动的服务及产品。

对价：32亿美元现金（来源：谷歌10-K报表）。该交易经美国反垄断监管机构批准。

● 2007年，谷歌收购了 Postini 公司，该公司提供按需通信安全及兼容性解决方案。Postini 的产品包括短信安全、存档、加密和政策执行，可用于保护公司的电子邮件、即时消息和其他基于网络的通信。

对价：5.457 亿美元的现金，外加4 480万美元的留任奖金（来源：谷歌 10-K 报表）。

● 2009 年，谷歌宣布收购移动广告创业公司 AdMob 的计划。AdMob 在专门针对智能手机设计的网站上销售广告。该公司最先着手开发技术，向苹果的 iPhone 手机，以及使用谷歌安卓移动操作系统的设备推送广告。

对价：6 810万美元，包括 120 万股 A 类普通股，另加2 600万美元现金（来源：谷歌 10-K 报表）。经过 6 个月的调查，美国联邦贸易委员会批准了谷歌对 AdMob 的收购。

● 2009 年，谷歌签署收购上市公司 On2 Technologies 的最终协议。On2 开发视频压缩软件，并提供在专有网络和互联网上递送内容的相关视频服务。

对价：1.23 亿美元，包括174 000股 A 类普通股（在交易成交时价值9 500万美元），另加2 800万美元现金（来源：谷歌 10-Q 报表）。如果 On2 提出终止合并，则该公司支付 200 万美元的分手费。On2 只有 3 名特定的员工可以撤销或终止谷歌对其提出的雇佣邀约，只有一人真的这么做了。

● 2010 年，谷歌宣布了收购 Global IP Solutions（GIPS）的计划。GIPS 为 IP 网络开发实时语音和视频处理软件，还提供高清晰度和超宽带语音。

对价：6 820万美元现金（来源：谷歌新闻稿）。收购价比 2010 年 1 月 11 日（这是 GIPS 公布潜在买家有意收购自己的消息的前一个交易日）GIPS 股票收盘价溢价 142%。（收购价比谷歌宣布收购前的收盘价高了 27.5%。）谷歌会在收购完成后，让

GIPS公司（从奥斯陆证券交易所）退市。

● 2010 年，谷歌签署了收购 ITA Software 的最终协议。ITA 为航空业提供基于互联网的软件。

对价：6.76 亿美元现金（来源：谷歌 10-Q 报表）。2011 年 4 月，谷歌对 ITA 的收购，得到了反垄断监管机构的批准。不过，司法部对谷歌设定了大量限制条件，对利用该公司技术的方式做了规定。这些规定（2016 年前均有效）要求谷歌继续将软件授权给其他公司，允许后者开发 ITA 的产品，并提供给竞争对手，此外还要架设防火墙，不让谷歌看到竞争对手的敏感信息。

● 2010 年，谷歌收购了为社交网站开发网络应用程序的娱乐公司 Slide。

对价：1.79 亿美元现金（来源：谷歌 10-K 报表）。技术新闻网站 TechCrunch 报道，交易中还包括4 600万美元留任奖金。

● 2010 年，谷歌收购数字版权管理软件（针对网络电视以及其他设备，无授权许可不得使用视频内容）开发商 Widevine。

对价：1.58 亿美元现金（来源：谷歌 10-K 报表）。

● 2011 年，谷歌收购 DailyDeal，该公司在德国、奥地利和瑞士提供每日促销优惠券，并被视为 Groupon 的克隆品。

对价：1.14 亿美元现金（来源：谷歌 10-Q 报表）。

● 2011 年，谷歌宣布了收购摩托罗拉移动的协议。

对价：124 亿美元现金；对收购资产的初步估价包括：29 亿美元现金，55 亿美元的专利/开发技术，7 亿美元的客户关系，8 亿美元的其他净资产，25 亿美元归于商誉（来源：谷歌

10-K 报表)。该协议价比摩托罗拉移动股票此前的收盘价溢价 63%。2012 年,谷歌获得了欧盟和美国对其收购摩托罗拉的反垄断批准。

● 2011 年,谷歌收购全球餐馆评论出版商 Zagat Survey。

对价:1.51 亿美元现金,其中3 700万美元归于 Zagat 的品牌,1.02 亿美元归于商誉(来源:谷歌 10-Q 报表)。

● 2013 年,谷歌收购以色列众包地图和导航公司 Waze。

对价:9.66 亿美元现金加留任奖金(来源:谷歌 10-Q 报表和谷歌采访)。8.47 亿美元归于商誉。谷歌还承担了6 900万美元的债务。这一数额之外还需要增加留任奖金,Waze 证实,交易完成后 4 年,公司的 100 名员工将获得 1.2 亿美元。

● 2014 年,谷歌收购 Nest Labs,该公司制造家用智能恒温器和烟雾报警器。

对价:32 亿美元现金(来源:谷歌新闻稿)。根据谷歌的 10-Q 报表,23.5 亿美元归于商誉。

● 2014 年,谷歌收购 Skybox Imaging。该公司设计相对廉价的小型卫星,每天收集地球的照片和视频。

对价:5 亿美元现金(来源:谷歌新闻稿)。

● 2014 年,谷歌收购 Dropcam,该公司开发和销售借助 Wi-Fi 连接的摄像头和服务,通过移动应用程序进行流媒体视频直播。该服务可根据 Dropcam 摄像头检测到的活动发送警报。

对价:5.55 亿美元现金(可调整)(来源:谷歌/Nest 新闻稿)。

对这 18 桩交易的信息披露进行分析,我们可以给出一些额外的意见和关键提示：

● 再次强调了前述结论，谷歌只对10%的收购交易披露了价格信息。谷歌没有披露过总收购价低于1亿美元的私营公司收购信息。

● 除非有其他披露动机（如收购目标是上市公司），谷歌披露收购信息的下限似乎是5亿美元。（当然，其他因素也可用来推定交易是否重大。）

● 有时，谷歌似乎会向媒体机构提前透露并购细节，以便根据并购的规模，管理之后必须披露的事宜。例如，谷歌收购Waze的时候，就有某消息灵通人士向专业媒体提供了交易的估价细节。

● 尽管谷歌没有透露大部分收购的价值，但第三方机构竞相提供了许多收购交易（25%以上的交易）的估计数据。

苹果的交易

图9.2中的信息图描绘了2000年初到2014年6月间，苹果公司在10-K年度报表里披露的具体购买价格及部分有关条款的收购。图中可看到一些极其有趣的趋势。

请注意，图9.2只列出了5家公司。考虑到苹果这一时期大概进行了70桩收购，似乎可证明苹果仅仅对不到10%的收购披露了购买价格。特别值得注意的是，自2002年以来，苹果只披露了一桩收购的购买价，也即2014年对Beats的收购！

下面是各已披露交易的购买价和部分条款摘要信息：

● 2001年，苹果收购PowerSchool。PowerSchool为基础教育行业学生信息管理、报告和分析提供解决方案。

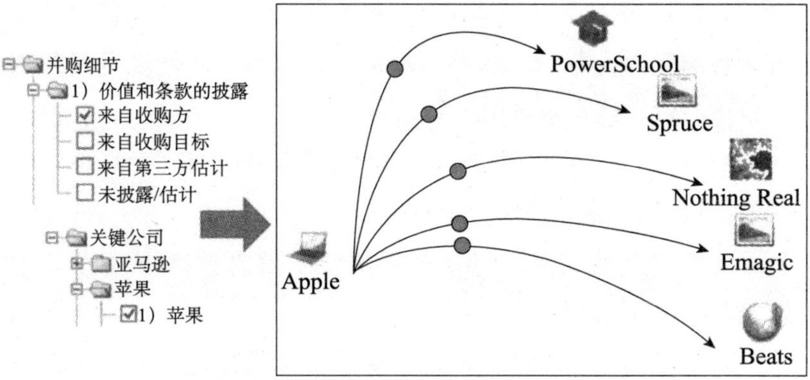

图 9.2 苹果披露了购买价/条款的收购

对价：6 200万美元的股票和股票期权（来源：苹果公司10-K 报表）。

● 同样是在 2001 年，苹果收购了 Spruce Technologies，这是一家 DVD 和 WebDVD 制作软件供应商。

对价：1 490万美元现金（来源：苹果公司 10-K 报表）。

● 2002 年，苹果收购了 Nothing Real，该公司开发和销售专门针对数码影像制作市场的高效工具。

对价：1 500万美元收购价，其中 700 万美元分配给收购的技术，800 万美元为或有对价，作为未来 3 年的报酬（来源：苹果 10-K 报表）。

● 同样是在 2002 年，苹果收购了 Emagic，该公司开发计算机音乐制作的专业软件解决方案。

对价：3 000万美元现金，其中2 600万美元于成交时支付，400 万美元作为或有费用，分配给未来 3 年里某些员工继续留任的报酬（来源：苹果 10-K 报表）。

● 2014 年，苹果披露了对 Beats 的收购价格，该公司开发并销售消费级头戴式、入耳式耳机和扬声器，此外还有音频软件技术、流媒体音乐订购服务。

对价：26 亿美元现金，4 亿美元的苹果股票（无兑现时间规定）（来源：苹果公司的新闻稿）。

这里对上述交易，以及苹果的整体信息披露态度做一些总结：

● 在我们分析的时期内，早些年，苹果公司披露了规模极小的收购的购买价。例如，2002 年收购私人控股公司 Spruce Technologies，仅用了1 490万美元。

● 我们可以通过查阅公司的现金流量表，看出苹果在某些财年（如 2011 年到 2013 年）花费了数亿美元用于企业收购。例如，2011 年，苹果公司报告称“与企业收购相关的款项，净值”2.44 亿美元；2012 年是 3.5 亿美元；2014 年为 4.96 亿美元。（如前所述，目前苹果的收购趋势有了明显加强。）

● 从 2003 年到 2014 年，苹果在收购活动的具体细节上守口如瓶。虽然有些年份，苹果在企业收购上花了数亿美元，但却从未透露任何公司的购买价格，直到 2014 年收购 Beats。

● 从 2014 年开始，苹果公司对收购活动的具体细节，变得更公开了一些。部分原因在于 Beats 收购的重要性。但苹果还透露了完成的收购次数，显然，它希望向投资者传递信号：它把手里庞大的现金储备分配一部分给了包括并购在内的企业发展活动。

再谈“重大”

有学者认为，美国证券交易委员会的现行规则并不总是保证并购活动相关重大信息得到披露。例如，罗德里格斯和斯特格莫洛（Rodrigues and Stegemoller）指出，“被证券交易委员会归类为‘不重要的’对私人控股目标公司的收购，有可能对市场价格造成明显的影响，因此，按证券交易委员会的定义，事关‘重大’。作者从经验出发认为，证券交易委员会归类为‘不重要的’对私人控股目标公司的收购，近80%对收购方股东有着重要的经济意义。”[6]

美国证券交易委员会规定，如果私营的收购目标将变成收购方的“重要”下属公司，则收购方须披露相关的财务信息。目前，证券交易委员会用来判断收购方下属公司是否重要的规则，可以概括如下[7]：

1. 投资测试：母公司（包括所有子公司）对子公司的投资，截至上一财年年底，超过了公司总资产的10%。

2. 资产测试：母公司（包括所有子公司）对子公司总资产的按比例持股，超过了公司总资产的10%。

3. 收入测试：母公司（包括所有子公司）从子公司处所得的收入，超过公司总收入的10%。

收购公司披露收购目标的实际财务报表，适用的阈值更高（上述指标里的10%需要上升为20%以上）。

从实际层面上说，这些测试对谷歌披露收购私营公司购买价设定了很高的门槛。例如，2014 年 6 月 30 日，谷歌的总资产约为1 220亿美元，那么，按照上述投资测试，收购规模需要超过 122 亿美元才视为“重大”。

罗德里格斯和斯特格莫洛认为：“……证券交易委员会对‘重大’收购的定义，完全依赖目标公司相对于收购方的规模。虽然证券交易委员会的披露框架涵盖了最重大的收购……却忽略了对收购方股东具有重要经济意义的收购目标。”[8]

要点是什么呢？像谷歌和苹果这样的公司，在判断什么时候披露并购交易、披露哪些并购交易的时候，有着相当大的自由度。决定披露哪些收购，不仅取决于证券交易委员会的指导方针，也取决于公司的种种动机（如本章所述）。

Chapter 10

第十章

对价形式

收购方可以用多种支付方式完成收购：调配累积现金流；发行新债或股票筹集现金；用自己的股票与目标公司的股票交换；上述方法结合。对于任何给定公司的收购，收购方采用的对价形式有可能每桩交易都不同。[1]

本章中，我们将探讨一些对价的问题：谷歌在收购中使用股票的情况有多少？使用现金或者现金与股票相结合的情况有多少？谷歌的并购交易对价模式跟其他主要的科技公司（如苹果或 Facebook）相比有些什么特点？

除了在成交时支付现金或者股权，还有哪些额外的对价可以属于交易的构成部分？递延对价或或有对价，在刺激半有机生长中扮演了怎样的角色？虽然我们介绍过或有对价也属于额外付款的一种形式，这个主题我们会在第十一章中做深入探讨。

对价中的股票与现金

在第一章中，我们引用了一些研究，其结论是：长期而言，公开上市的收购公司在并购交易中使用现金，其表现比使用股票收购的更好。支持这一结论的论据之一是，如果企业认为自己的股票被高估了，就更倾向于使用股票。因此，收购之后股价下跌似乎是很合理的。人们常用美国在线与时代华纳换股合并后股价下跌这个经典例子来说明这种情形。

然而，第一章里也指出，不管收购是用现金还是股票融资的方式完成，其绩效都千差万别。事实上，也有无数的研究指出，收购方以股权融资方式收购私营公司（或上市公司的子公司），其回报往往强于基本以现金方式完成的交易。[2]

为什么这类股票交易表现更好呢？这里有一个原因。收购方和目标公司或许认为，买方的股票是一种富有吸引力的货币，而收购方也正是用自家股票的魅力来追求目标公司，完成交易。谷歌用换股方式收购 YouTube，Facebook 收购 Instagram 也基本以换股为主，可以作为证据，阐释收购方股票富有吸引力的假说。（事实上，谷歌的股票在 YouTube 交易完成一年以后大受追捧；Facebook 的股价，在 Instagram 交易完成后的一年里都没什么动静，但之后不久即迅速上涨。）

在并购交易中使用股票还是现金，不同的收购方有不同的动机，即便是对同一家公司，不同的交易也有不同的动机。到目前为止，我们讨论了两种动机：（1）如果收购方认为自己的股票被高估，有可能使用股票；（2）如果目标公司相信收购方的股票具有大幅升值潜力，收购方可以借助它来完成极度重要的交易。

决定并购交易使用股票还是现金对价形式，还有另外两种动机。在促成半有机生长的过程中，有些动机非常重要。

谷歌采用股票对价形式的案例

谷歌在并购交易中以股票作为主要对价形式的情况是非常少的。从某种意义上说，谷歌其实体现了伯克希尔·哈撒韦公司沃伦·巴菲特的一个说法（第一章中引用过）：“查理［·芒格］和我对用股票这件事的看法，就跟准备进行结肠镜检查一样。”不过，巴菲特也做了进一步的澄清，虽然他偏爱用现金购买一家公司，但如果伯克希·哈撒韦能获得物有所值的内在价值，他并不反对股票交易。

图 10.1 列出了谷歌在 S-1 或 10-K 报表里特别披露用股票作为收购主要对价形式的 4 桩（没错，只有 4 桩！）并购交易。

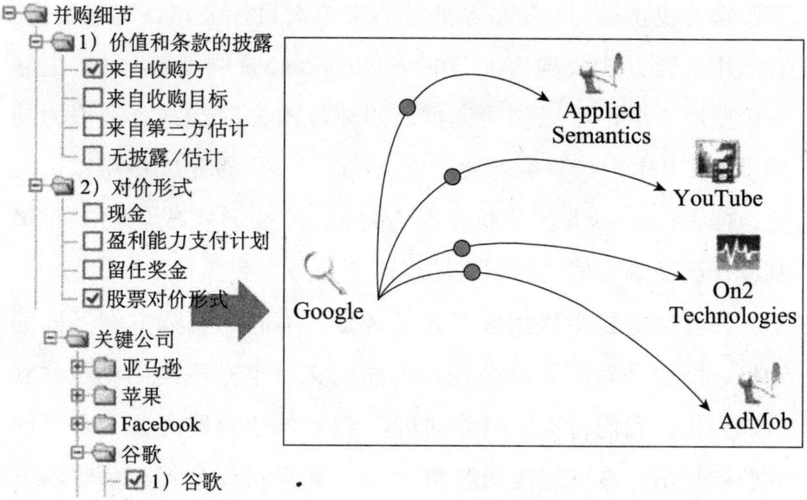

图 10.1 谷歌采用股票对价方式完成的收购

1. Applied Semantics。本书第二章对这家公司做过详细介绍。2003 年，谷歌收购 Applied Semantics，这是一家开发语义文本处理和相关在线广告公司技术的公司。

对价：1.024亿美元，其中包括4 150万美元现金，外加价值6 090万美元的股票和股票期权（来源：谷歌S-1报表）。

在4桩交易里，只有收购Applied Semantics这一桩是在谷歌上市之前发生的。

2. YouTube。本书第五章对这家公司做过详细介绍。2006年，谷歌收购消费者媒体公司YouTube。

对价：按谷歌在新闻稿中的最初报道，这是一桩16.5亿美元的换股交易，后来，谷歌又在10-K报表中披露了如下信息：

> 购买价格为11.94亿美元，包括2.12亿美元现金……我们的2 427 708股A类普通股，30 171股可全数购买A类普通股的期权，价值11.73亿美元。此外，我们还发行了不可兑现的期权、限制性股票和认股权证，可购买1 189 524股A类普通股，价值5.645亿美元，作为股票形式的报酬，在20到41个月的兑现期可兑现为奖金。这些短期内不可兑现的股票奖金，主要是为了鼓励每名员工继续在谷歌任职而设置的或有对价形式。此外，根据协议，12.5%的发行股票将受托管一年，以应对索赔。

请注意，YouTube交易中的绝大部分对价由股票、股票期权或其他与股票相关的方式构成，在岗1.5年到3.5年方可兑现。而且，考虑到YouTube极有可能招来官司（肯定涉及媒体侵权），所有股票对价的1/8，价值超过2亿美元，都受到托管。（在并购交易里，这样的托管安排并不少见。）

3. On2 Technologies。2009年，谷歌收购开发视频压缩技术的上市公司On2 Technologies。

对价：1.23 亿美元，包括174 000股 A 类普通股，在交易结束时价值9 500万美元，以及2 800万美元现金。On2 公司的每一股普通股都转为 0.6 股谷歌 A 类普通股。谷歌还收购了 On2 价值 1.1 亿美元的期权（来源：谷歌 10-Q 报表）。

On2 是谷歌收购的为数不多的几家上市公司之一，摩托罗拉移动是另外一家。不过，摩托罗拉不是换股交易。

4. AdMob。同样是在 2009 年，谷歌收购了在手机上投放广告的 AdMob。

对价：6.81 亿美元，包括 120 万股 A 类普通股，以及2 600万美元现金（来源：谷歌 10-K 报表）。

2009 年，苹果也曾对 AdMob 示好，但据报道在竞价中输给了谷歌。

谷歌在并购交易中使用股票的情况，以下是一些关键点：

- 这 4 桩收购里，有 3 桩可以标识为极为重大。它们分别是：（1）Applied Semantics，这是促成谷歌跳出搜索广告的奠基式半有机交易；（2）YouTube，推动谷歌进入在线视频广告的分水岭式收购；（3）AdMob，谷歌进军移动广告领域的关键收购。
- 很有可能，谷歌正是利用自己股票的吸引力来促成这些收购成交，除了对 Applied Semantics 的收购，因为只有它是谷歌在正式上市前完成的交易。
- 谷歌对上市公司 On2 的换股收购，提高了这桩交易对 On2 股东们的吸引力，因为采用换股形式，股东们可以缓缴资本利得税。

● 谷歌不愿在并购交易中采用股票对价形式，可以从它用现金完成的大规模交易之多这一点看出来。对 DeepMind、Dropcam、ITA、摩托罗拉移动、Nest、Postini、Skybox 和 Waze 等目标公司，谷歌都是用现金成交的。

● 2010 年至 2014 年，谷歌没有披露任何以股票作为对价形式的并购交易。然而，2014 年，谷歌分拆了股票，发行了新的无投票权类股票。这些无投票权的股票，为将来的收购提供了新的货币，而且还不会稀释现有股东的投票权。

● 虽然谷歌可能还在其他的收购中采用了股票对价形式，只是没有披露，但很明显，谷歌认为自己的股票是有价值的珍贵货币。

苹果采用股票对价形式的案例

如果说谷歌采用股票作为对价形式的并购交易很少，那么，苹果就更是屈指可数。图 10.2 列出了自 2000 年以来，苹果公司以股票作为全部或大部分对价形式的两桩已披露收购。

1. PowerSchool。2001 年，苹果收购 PowerSchool。PowerSchool 为基础教育行业学生信息管理、报告和分析提供解决方案。

对价：6 200万美元的股票和股票期权（来源：苹果公司 10-K 报表）。

2. Beats Electronics 。如前所述，2014 年，苹果收购了开发耳机和音乐流媒体服务的 Beats 公司。

对价：26 亿美元现金，价值 4 亿美元的无指定兑现时间的苹果股票（来源：苹果新闻稿）。

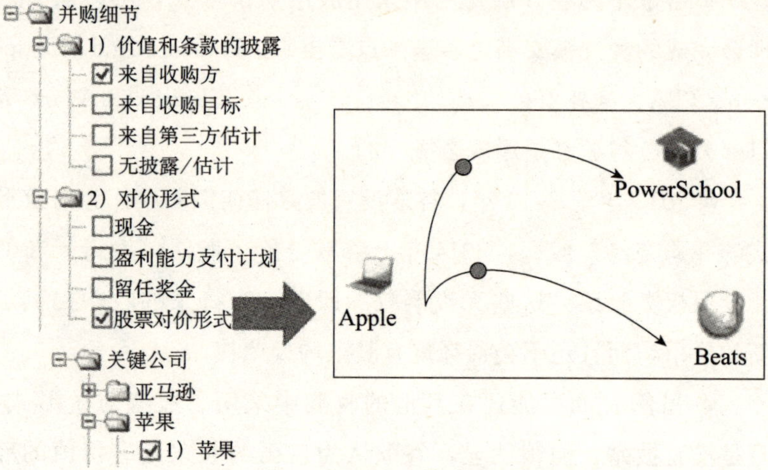

图 10.2　苹果采用股票完成的收购

针对苹果公司在并购交易中使用股票的情况，以下是一些关键点：

- 相对规模极小的 PowerSchool 收购，是苹果 2000 年之后披露的唯一一桩以 100％换股形式完成的收购，它是在 2001 年成交的。

- Beats 交易基本上是现金收购，但交易内包含了数量可观的股票对价，作为对 Beats 关键人才的留任奖励。Beats 交易存在明确的半有机生长维度。

- 到 2014 年，苹果公司积累了庞大的现金储备（超过1 600 亿美元），以前，企业史上还从未有哪家公司靠着运营的现金流积累了这么大手笔的现金。苹果有了越来越大的压力要支配这些现金，现金收购是处置方法之一。

- 虽然苹果公司也可能还有其他采用了股票对价形式而没

有披露的收购，但很明显，和谷歌一样，苹果认为自己的股票是有价值的珍贵货币。

Facebook 采用股票对价形式的案例

如果说，谷歌和苹果很少使用股票进行并购，Facebook 就是它们的对立面。Facebook 是一家热衷于收购的公司，不管是在它 2012 年 5 月上市前还是上市后，它都经常用股票来收购目标公司。

例如，在 Facebook 的 S-1 上市申请书中，它列出了 16 桩与不知名公司的交易，均采用股票为对价形式。这其中，6 桩交易涉及收购目标公司的股份，9 桩涉及收购目标公司的资产，1 桩涉及获取目标公司的技术授权。这些交易里，规模最大的动用了1 100万股 Facebook 股票，最小的也有40 000股。

2014 年 Facebook 斥巨资买下 WhatsApp 之前，有消息灵通人士估计，自 2007 年以来，Facebook 完成了 51 桩收购，不少都是购聘。[3]如上所述，这些交易里有相当数量都采用 Facebook 股票作为对价形式。

Facebook 首次公开募股之后，该公司延续了在并购活动中以自己的股票为对价形式的模式。图 10.3 列出了 Facebook 披露的以公司股票为对价形式的 3 桩著名收购。

Instagram。2012 年，Facebook 收购 Instagram，该公司开发了一款智能手机服务，为用户提供与亲朋好友分享照片和短视频的有趣功能。

对价：总购买价为 5.21 亿美元，包括对 Instagram 的非员工股东分配了大约1 200万股可兑现 B 类普通股，以及 3 亿美元

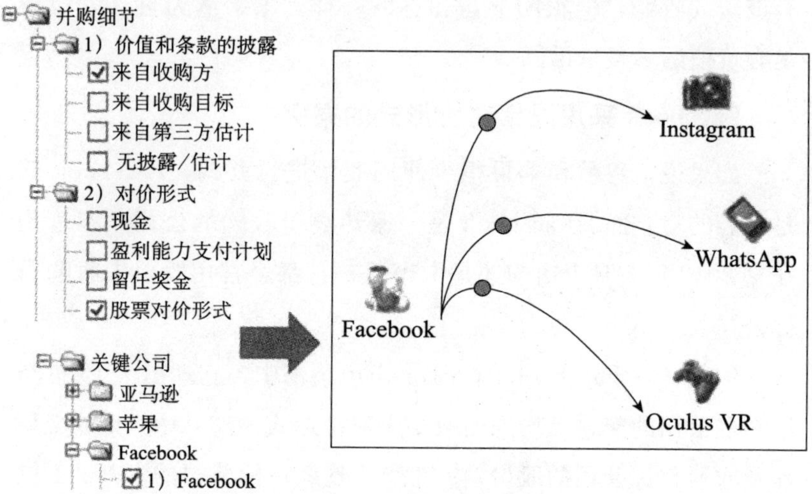

图 10.3　Facebook 使用股票完成的著名收购

的现金。在收购成交的那一天，Facebook 还向 Instagram 的员工持股人发行了大约1 100万股不可兑现 B 类普通股，总公允市价约为 1.94 亿美元，可在 3 年聘用期后兑现，故此可视为以股票为基础的留任报酬。

需要注意的是，购买价格里股票部分的价值，是由交易成交当天普通股的公允市价来决定的。成交当天，Facebook 的股票较发行时价格下跌了。因此，Instagram 交易，最初公布时估值达到了 10 亿美元（7 亿美元股票加 3 亿美元现金），现在的估值仅略高于 5 亿美元。还要注意的是，本次交易使用的是投票权 10 倍于 A 类股的 B 类股。

WhatsApp。2014 年，Facebook 收购极受欢迎的移动短信公司 WhatsApp，该公司拥有大约 5 亿用户。

对价：183 865 778股 A 类股票（最初价值约 120 亿美元），

以及近 40 亿美元现金。本次交易可随时调整，保证所付现金至少占交易总对价的 25%以上。Facebook 还向 WhatsApp 员工发行了45 966 445股限制股，可在 4 年后兑现。

需要注意的是，和 Instagram 交易的情况一样，WhatsApp 的收购对价是股票搭配现金，但（一如既往地）绝大部分是股票。只是，这一次的股票是投票权小的 A 类股。

Oculus。同样是在 2014 年，即宣布 WhatsApp 交易的一个月之后，Facebook 收购虚拟现实技术开发商 Oculus 公司的协议达成。Facebook 的首席执行官马克・扎克伯格在宣布收购时，预想自己的公司将怎样把 Oculus 的技术应用到游戏世界之外："除了游戏，我们会把 Oculus 建设成一个适用于诸多其他体验的平台。想象一下，只要在家里戴上眼镜，你随时都能身临其境：体育比赛时坐在球场边；坐在教室里学习，学生和教师来自世界各地；面对面地向医生求诊。"

对价：23 071 377 股 B 类股（最初价值 16 亿美元），以及大约 4 亿美元的现金。和上文提到的其他 Facebook 交易一样，最终收购价里股票部分的价值，由成交当天普通股的公允市价决定。此外，等达到特定的目标后，还有额外3 460 706股 B 类股票及6 000万美元现金要支付。这种盈利能力支付计划会付给员工持股人，并要求后者在相应的支付日期前继续在岗。盈利能力支付计划的潜在价值约为 3 亿美元。

和 WhatsApp 交易的情况一样，Oculus 公司所得的直接对价包括了股票及股权组合。然而，对 Oculus 公司来说，股票和现金的混合比例是 4∶1，而 WhatsApp 的比例是 3∶1。

Facebook在Oculus交易中所用的股票相对更多。

在Oculus交易中，Facebook根据绩效目标（也即不光要继续在岗）确定了盈利能力支付计划，也跟提供给WhatsApp员工留任奖金不同。我们会在第十一章集中介绍或有对价的微妙之处。

针对Facebook在并购交易中使用股票的情况，以下是一些关键点：

● 在Facebook 2012年进行首轮公开募股之前，它肯定不缺现金。事实上，在S-1注册声明中，该公司称自己持有约40亿美元现金、现金等价物和有价证券。然而，首轮公开募股之前，Facebook就在无数规模相对较小的收购交易里大量使用股票。尽管许多私营企业都很难让收购目标接受自己的股票（因为它们的股票非公开发行，故此也就没有公允市价），Facebook即将公开上市的大范围宣传，却让该公司的股票成了富有吸引力的货币。

● 从Instagram开始（Facebook三大重要收购的第一桩），Facebook便开始采用股票和现金混合的对价形式。在这期间，股票与总对价之比逐渐提升：Instagram交易里股票占70%，WhatsApp占75%，Oculus占80%。

● Facebook在两桩规模相对较小的交易（Instagram和Oculus）里采用了B类股，而在WhatsApp交易里使用了A类股（投票权仅为B类股的1/10）。

● 考虑到Facebook股票价格的波动，所有这3桩重要收购成交时的收购价都有着相当大的风险。据报道，这些交易并未采用保底安排（举例来说，也即可以调整交易中偿付的股票数量）。Instagram 的收购价，在交易结束后大幅缩水，就清楚地表明了这种风险。

- Facebook 在这 3 桩重大交易中，都设计了相同的对价结构：要求目标公司员工留任，甚至达到绩效要求（如 Oculus）后，方偿付或有对价。我们将在下一章看到，这样的或有对价往往在孕育半有机生长中扮演着重要角色。

使用现金或股票的动机

本章中，我们探讨了谷歌和另外两家知名科技公司（苹果和 Facebook）在收购目标企业时所采用对价形式的模式。考虑到这一背景，我们不妨更深入地考察一下并购交易中使用现金还是股票的不同动机。这里，我们的目标不是要泛泛地讨论现金或股票的使用，而是仅限于这 3 家公司。

为什么使用现金

谷歌、苹果和 Facebook 等公司在并购交易中选择使用现金的原因非常多：

- 有大量现金需要有效地利用。谷歌、苹果和 Facebook 都有着充足的现金和准现金资产供给。举例来说，2014 年，谷歌此类结余约为 600 亿美元，苹果为1 650亿美元，Facebook 也有 140 亿美元。这类现金当然可投入其他用途，如内部研发、股票回购和分红，但对这 3 家公司来说，并购活动都是一项具有重要战略意义的活动。

● 然而，这些现金有相当大部分来自美国以外的国家，如果将现金调拨回国内交易，很可能需缴纳大量的税款。2014年，美国证券交易委员质询谷歌，它为什么需要囤积300亿美元的国际现金，谷歌回应说，有200亿到300亿美元是用来收购外国公司和美国之外的技术专利的。谷歌没有说明会在什么时候动用这些国际资金，但公司认为，它需要大规模的现金结余，以支持其全球并购活动。现金的价值清晰明确，毫不含糊。从Facebook收购Instagram的案例可以看出，如果大部分对价是股票，目标公司有可能要承担可观的风险，因为收购方股票的价格会上下波动。所以，目标公司很可能想要确定的现金。[4]

● 使用现金，收购方无须对目标公司让渡太多的内在价值。沃伦·巴菲特的收购箴言是，他的公司更喜欢用现金，除非能获得跟付出同样多的内在价值。巴菲特认为，如果一家公司完整出售，其购买价格是接近其内在价值的。（尤其是技术收购，其内在价值甚至高于收购价。）如果收购方的股价低于其内在价值，用巴菲特的话来说，究其本质，收购方是在用“一块钱的票子换5毛钱”。毫无疑问，谷歌的并购理念对放弃太多内在价值这一点是很担心的。事实上，上市的头10年里，谷歌的股票升值了近1 300%，证明该公司的股票的确是硬通货，没有绝佳的理由最好别到处分发。

● 现金可以提供目标公司需要的流动性。股票兑现可能存在锁定期，而现金在成交之后立刻就可流动，目标公司的股东说不定会觉得有吸引力。在锁定期，目标公司获得的股票不能出售，这一时间一般为 6 个月，但也可以设定得更长。（但像谷歌这样的大型上市公司用股票购买一家小公司，对股票设置锁定期的可能性不大。）

● 使用现金不影响投票控制权。对谷歌的创办人（佩奇和布林）和 Facebook 的创办人（扎克伯格）来说，维持投票控制权以便自由追求长期目标，有着极重要的心理意义。（比较而言，史蒂夫·乔布斯 1997 年重返苹果时，他对公司的所有权不到 1%。）虽然，为了维持控制权可以设立一类有着超级投票权的股票，但在交易中使用现金，也是避免稀释投票控制权的便捷途径。

● 使用现金对价，对每股收益的稀释，也往往少于使用股票，因为股票越少，收益越高。现金可用于在交易结束后支付留任奖金，维持员工对收购方的附着力。谷歌几乎总是用现金来支付留任奖金。不过，从我们对 Beats 和 WhatsApp 等交易的讨论中可看到，苹果和 Facebook 会用股票作为留任奖励。

为什么使用股票

反过来说，谷歌、苹果和 Facebook 也有时会决定在一桩并购交易中使用股票作为对价形式。

● 如果一家公司在首次公开募股之前发行的股票，在人们眼里是一种很有潜力的诱人货币，在有着重大战略意义的收购（或一系列收购）中使用股票，就能克服现金余额有限的问题。Facebook 在早期并购活动中使用股票就是一个例子。谷歌在首次公开募股之前用股票收购 Applied Semantics 也是一个例子。

● 目标公司的股东有望回避立刻缴纳资本利得税。比如，因为谷歌用股票作为主要对价方式收购上市公司 On2，后者的股东可以推迟缴纳资本利得税。接受现金对价，很可能存在即刻缴税的责任。

● 愿意用被对方认为富有吸引力的股票收购，有助于推动甚至促成交易。谷歌收购 AdMob 时跟苹果竞标的例子，就说明用股票或许有助于锁定交易。20 世纪 90 年代，思科的股票在人们眼里非常有吸引力，该公司就经常用股票来促成并购交易。

● 使用有限投票权（甚至无投票权）的股票，有助于企业创办人保持对公司的控制权。2014 年，谷歌拆分公司股票，创造了一种没有投票权的新类型股票（C 类股）。这样做，让谷歌得以使用这类新股票去收购公司，又不会稀释现有的股东权益。此外，一如我们所见，Facebook 使用 A 类股（投票权为 B 类股的 1/10），作为 WhatsApp 收购的重要对价元素。

● 股票还可在关键交易中作为留任奖金。我们注意到，苹果收购 Beats，有 4 亿美元的股票对价，会随着时间的推移逐步分发给 Beats 的关键员工，包括安德烈·罗米尔·杨和吉米·艾欧文。让关键员工有机会在将来得到可观的苹果股份，其目的是鼓励他们为苹果公司效力。

为什么同时使用现金和股票

对于某些交易，谷歌、苹果和 Facebook 可能认为最好同时使用现金和股票这两种对价形式来完成收购。

● 有时候，同时使用现金和股票，是为了促成一桩全部使用现金很难成交的收购。Facebook 对 WhatsApp 的收购就是如此，成交价格中的 75%均为股票。

● 对价中包括一定的现金，能带来即时的流动性，或许符合目标公司部分股东的期待。谷歌购买 Applied Semantics 的时候，不少投资者（信不信由你!）首选现金付款。如第二章所述，吉尔·埃尔巴兹和另一些员工接受了谷歌的股票。

成交之外的对价

不管成交中所用的是股票、现金，还是这两种对价形式的组合，谷歌都经常为交易结束后设立一笔额外对价。本章中，我们也看到了其他公司（比如苹果收购 Beats，Facebook 收购 Oculus 公司）的此类安排。

谷歌以 9.66 亿美元现金收购 Waze 的时候，还为 100 名员工设置了高额留任奖金作为额外的对价，等成交后再发放。

在下一个章节，我们专门考察成交之外对价设计的种种重要细节。

Chapter 11

第十一章

或有对价

半有机生长要想取得成功，被收购公司的关键人才必须留下来——至少要留下来一段时间。里程碑式的新项目目标必须完成，技术必须融合到一起，业务发展活动必须付诸执行。

激励被收购公司的创办人和员工留在收购公司，有两种关键经济机制：（1）盈利能力支付计划，收购方和被收购的公司约定成交后要达成的目标，并在成功实现该目标后兑现这一或有对价；（2）留任奖金，也是或有对价的一种形式，以被收购公司员工或创办人继续留任为条件。

本章中，我们将探讨谷歌和其他顶尖科技及媒体公司怎样运用这两种或有对价形式（单独使用，或结合使用）。我们会看到，谷歌为什么在早期交易中使用盈利能力支付计划，但在后来的并购交易里基本放弃了这一做法。我们还将考察为什么留任奖金逐渐在谷歌的半有机生长交易中扮演更加重要的角色。

盈利能力支付计划

盈利能力支付计划的定义是："一种依情况而定的安排，收购价格中的一部分要待交易结束后实现特定财务或其他绩效目标后兑现。”[1]

盈利能力支付计划可以促使买卖双方弥合估值视角差异，好让生意做成。在典型的盈利能力支付场景下，目标公司对未来的收入和业务的盈利潜力有更加乐观的看法，收购方固然欣赏卖家的乐观情绪，但对目标公司的发展假设是否真能实现并不太肯定。

从买方的角度来看，使用盈利能力支付计划的优势在于[2]：

- 节约现金
- 降低杠杆率（在紧缩的信贷市场下特别有用）
- 激励卖家成功完成所有权的让渡
- 减少风险

从目标公司的角度来看，盈利能力支付计划意味着实现或超过绩效目标即可获得额外对价（甚至很可观）的机会。

在收购方和目标公司希望成交，但又需要弥合估价差距的情况下，一般会使用盈利能力支付计划。这类情况包括[3]：

- 目标公司处在发展或创业阶段，运营历史不长。
- 目标公司推出了此前没有成绩纪录的新产品线或开发了新的技术。
- 目标公司处在未来业务存亡犹未可知的转向局面。
- 目标公司所处行业的价值扩张，有可能已经达到了顶峰。
- 收购方希望激励被收购公司的创办人和/或员工达成收购后的绩效目标。
- 目标公司估算价值所采用的收入或毛利率预测比收购方更乐观。

- 价值买家不愿意单凭前期付款的方式来购买公司。

构建盈利能力支付计划的挑战

设计一套能结出果实的盈利能力支付计划并非易事。盈利能力支付计划可建立在各种指标上，比如财务成绩，如收入，或者 EBITDA（即未计利息、税项、折旧及摊销前的利润）目标，也可以是无关财务的项目里程碑式目标等。但无论选择什么指标，计划外事件和意外结果都有可能扰乱一方或双方，破坏协议。

如果获准在协议期限内作为独立实体来经营，而不是被紧密地整合或吸收到收购方公司，衡量被收购公司的绩效就比较容易。尽管不见得始终有条件这么做，又或者这么做不见得切合实际情况，但买卖双方都可从独立安排中获益。

从被收购公司的角度来看，最糟糕的情况是，在完成绩效目标的道路上取得了明显进展，买家却过河拆桥。比方说，收购方挖空营销预算，不分配扩大库存的资金，或者采取了种种限制发展的举动。

盈利能力支付计划绝不能仅仅是单纯的法律文件。它必须建立在收购方与目标公司的信任关系之上。交易指标和支付期限或许能够界定盈利计划的边界，但善意的关系才是这种安排的核心。双方都必须真诚地承诺朝着构建公司价值的目标前进。

盈利能力估值

盈利能力和期权很像，而且，在其他条件相同的前提下，（1）安排期限越长，（2）潜在绩效的不确定性越大，其价值往往越高。

罗伯特·布鲁纳认为，评估盈利能力的正确方式，是考虑到它的选择余地。[4]这意味着，如果一家公司只是单纯地将协议带来的最可靠现金流贴现，那么盈利能力几乎肯定遭到了低估。

评估盈利能力更合适的方法，涉及计算概率结果，以便判断预期价值和可能出现结果的范围，外加这些结果的出现可能性。蒙特卡洛统计模拟法是一种常用方法。蒙特卡洛统计模拟法可以分析数千种可能出现的情况，确定可能性最大的盈利能力，以及盈利能力支付计划在建模的所有可能场景里的分布；还可同时进行其他模拟推算，确定预期价值，以及收购方通过盈利能力支付安排所得价值的范围。[5]

盈利能力支付计划案例

图 11.1 列出了一些我们将在本章考察以盈利能力支付计划作为或有对价的收购案例。这些交易的收购方，分别是迪士尼、Facebook 和谷歌。

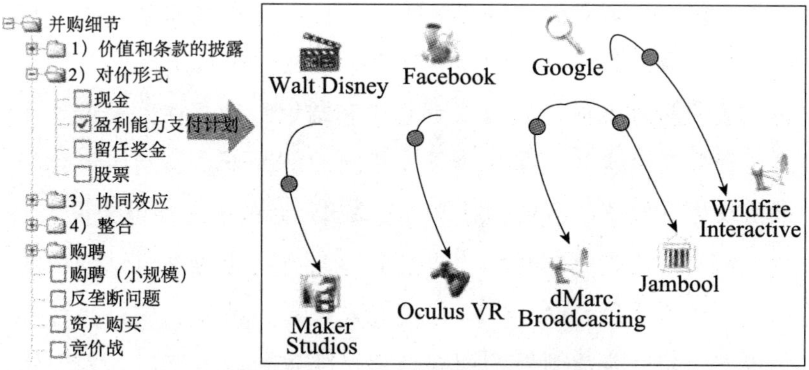

图 11.1　涉及盈利能力支付计划的交易案例

迪士尼　2014 年，迪士尼收购了 Maker Studios，此举被视为迪士尼进军网络短视频领域的重大举措。Maker Studios 是 YouTube 上最大的多频道联播网络之一。迪士尼在 10-Q 报表中对 Maker Studios 交易这样介绍：

> 2014 年 5 月 7 日，（迪士尼）公司收购了 YouTube 上在线视频内容顶尖网络 Maker Studios 有限公司，收购价约为 5 亿美元现金对价（可按约定条件有所调整）。如果 Maker Studios 在 2014 年和 2015 年达到约定的绩效目标，该公司股东还可得到额外 4.5 亿美元的现金。本公司为或有对价的公允市价承担 1.98 亿美元的债务（按潜在费用的概率加权来确定）。

请注意迪士尼和 Maker Studios 之间盈利能力支付协议的几个关键要素：

- 潜在的盈利能力支付部分为 4.5 亿美元，数目巨大，占交易总对价（9.5 亿美元）的近 50%。而且，盈利能力计划的额外对价以现金支付，不是股票。
- 盈利能力支付计划的兑现期，涉及两个日历年的绩效目标。盈利能力支付计划协议有起始和结束日期，在此期间，卖方有资格获得盈利。在其他条件相同的情况下，长期协议比短期协议更有价值，但买卖双方的关系出问题的可能性也会更大。
- 交易快完成的时候，迪士尼将该盈利能力支付计划（或有对价）的公允市价（1.98 亿美元）记录为债务。现行会计准则要求，如果涉及额外的现金付费，则盈利能力支付计划要估价，记为债务。（我们将在本章稍后的部分看到，留任奖金的处理方式有所不同。）迪士尼用潜在结果的概率加权来对盈利能力支付计划估价。如前所述，这类估值方法，据信比单纯地将未来现金流最优预计值贴现更合理一些。

● 在披露的信息中，迪士尼没有说明该盈利能力支付计划以什么样的具体绩效目标为基础。出于竞争或机密原因，这些目标大多秘而不宣。不过，这些绩效指标一般是跟具体的推动因素（能促成收购方达到为交易所确立的协同效应目标）捆绑在一起的。

FACEBOOK 2014 年，Facebook 公布了收购 Oculus 的协议，该公司生产名为“Oculus Rift”的虚拟现实游戏头戴装置。在 10-Q 报表中，Facebook 对 Oculus 交易做了如下陈述：

> 2014 年 3 月，我们签订了一项协议，用本公司23 071 377股 B 类普通股和大约 4 亿美元现金，收购开发虚拟现实技术的私人控股公司 Oculus VR（简称 Oculus）……此外，如果完成一定的里程碑式目标，还将额外支付最高达3 460 706股 B 类普通股和6 000万美元现金。盈利能力支付计划的部分，将付给在付款日期内连续在岗的员工持股人。

请注意 Facebook 和 Oculus 公司之间盈利能力支付协议的几个关键要素：

● 在迪士尼和 Maker Studios 之间的盈利能力支付计划中，追加对价是以现金支付的；Facebook 和 Oculus 之间的协议则规定，追加对价将以股票和现金组合的形式支付。

● 潜在的盈利能力支付部分占保证购买价的 15%。15%的比例，同时适用于保证购买价里的股票和现金部分。这一盈利能力支付计划所占比例，比迪士尼和 Maker Studios 之间的协议明显小得多。

- 对员工持股人的盈利能力支付部分，将视情况而定：在支付计划规定期间，持股人需在 Facebook 连续在岗。

- 虽然这一协议并不仅仅按留任奖金的形式来构架，但它的确在条款里包含了员工留任的约定。

- 和迪士尼/Maker Studios 协议一样，与盈利能力支付计划相关的具体绩效目标并未披露。

- 虽然 Facebook 是在新闻稿里宣布这一交易的，但却为盈利能力支付计划设置了 3 亿美元的初步估值（保证购买价的 15%），基于对可能结果范围所做的更深入的分析，盈利能力支付计划的估值或会在交易结束时再做调整。

谷歌 本节中，对图 11.1 中列出的 3 桩谷歌交易，我们将考察其中的两桩（Jambool 和 Wildfire）。虽然有媒体对上述交易的盈利能力支付计划做了估计，但谷歌并未披露它们的购买价（成交时的对价和盈利能力支付计划中涉及的对价均未披露）。（参见第九章中有关披露对价的讨论。）

图 11.1 中列出的另一桩收购（dMarc），谷歌披露了与之相关的盈利能力支付计划信息。我们将在本章稍后部分讨论本交易的一些细节。

2010 年，谷歌收购 Jambool，该公司开发支付技术，实现网络游戏或社交应用程序里的小额付款。根据 TechCrunch 的报道，这笔交易价值为 5 500万美元，并有额外1 500万到2 000万美元被设计为盈利能力支付计划。[6]

接下来的 2012 年，谷歌收购 Wildfire，该公司开发社交营销软件，方便企业在 Facebook、Google＋和 Twitter 上开展营销活动。据 TechCrunch 报道，这笔交易对价为 3.5 亿美元现金，外加 1 亿美元的盈利能力支付计划和留任奖金。[7]

请注意，在谷歌这两桩据称包含了盈利能力支付计划的交易中，有如下要点：

● 报告盈利能力支付计划的是第三方媒体。谷歌并未在 10-K 报表中透露这些交易的细节。媒体和其他信息源付出了巨大努力，试图挖掘顶尖科技公司并购活动的更多细节。

● 媒体的报道大多依赖于匿名消息源，因此不见得完全可靠。我们在第九章中探讨过，当事人及其代表往往受限于保密协议，不得披露收购细节。

● 考虑到这些提醒，请注意，Jambool 交易报道的盈利能力支付计划占了保证购买价的 1/3。Wildfire 交易报道的盈利能力支付计划和留任奖金也占保证购买价的大约 1/3。

● 虽然媒体有时候把盈利能力支付计划和留任奖金混为一谈，但从我们的讨论目的来看，最好是把这两种交易对价形式视为追加对价的不同方面。特别是，我们很快就会看到，谷歌已经逐渐放弃盈利能力支付计划，而将留任奖金作为刺激半有机生长的主要机制。

留任奖金

与收购相关的留任奖金，一般肩负着多重目的：

1. 鼓励员工留任直至交易结束。

2. 激励员工在交易结束后留任，为与盈利能力支付协议直接挂钩的绩效目标而工作。

3. 奖励交易结束后留任的员工参与结合买卖双方技术的工作，或是为收购方的其他项目而工作。假设并无盈利能力支付计划与此目的相关。（如果同时存在盈利能力支付计划，则留任奖金通常独立于与盈利能力支付计划挂钩的潜在对价。）

本节中，我们将重点讨论上面列出的第三种形式的留任奖金。换句话说，我们的注意力会放在目标公司被收购后为创办人或员工提供额外报酬的协议上。而且，这种报酬仅以目标公司团队继续在收购方公司效力（以实现半有机生长）为条件。

留任奖金的申领

一般而言，盈利能力支付计划被视为收购价的组成部分。盈利能力的估值，多采用交易相关结果的概率加权来计算。

采用追加报酬形式的留任奖金，则有不同的处理方式。从财会角度上，此种留任奖金不作为购买价的组成部分，而被视为暂扣的工资，等过了留任期限（通常为 1 到 4 年）便可申领。

由于这一类留任奖金没有与之相关的具体绩效目标（盈利能力支付计划则有），收购方必须获得目标公司员工为买家利益而付出努力的承诺。对技术知识型员工而言，收购方务必要避免出现所谓的“人留心不留”（stay and play）现象。本章稍后将对这一问题展开更深入的论述。

留任奖金案例

图 11.2 列出了包含留任奖金的收购案例。这些交易的收购

方分别是苹果、Facebook 和谷歌。

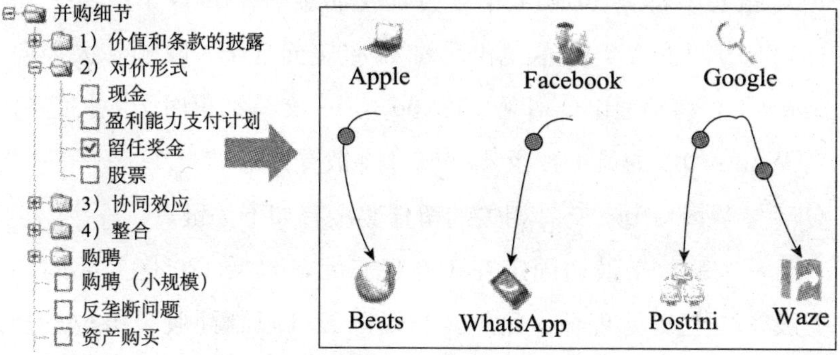

图 11.2　包含留任奖金的收购案例

2014 年，苹果收购消费级耳机和流媒体音乐订阅服务商 Beats Electronics（简称 Beats）。按苹果公司 10-Q 报表所说，对价包括 26 亿美元现金，4 亿美元无指定兑现时间的苹果股票（但要求 Beats 某些高管继续受聘）。

与 Beats 交易相关的留任奖金有如下关键点：

- 苹果 CEO 蒂姆·库克表示，发展 Beats 现有业务，“并非进行这桩交易的原因”。《华尔街日报》则称：“该交易是要为评估招聘到合适的人才，用 iPod 和 iTunes 数字音乐商店彻底改变音乐消费，但有可能冒着在流媒体等较新业务上落伍的风险。”[8]

- 4 亿美元的留任奖金，约占直接购买价的 15%。

- 宣布这笔交易时并未明确说明留任奖金的兑现期。

- 留任奖金以苹果公司的股票来支付。在并购交易中使用股票，对苹果公司而言是极为罕见的行为，暗示这是一桩对公司非常重要的人才半有机收购。

2014年，Facebook达成协议，收购WhatsApp。Facebook在10-Q报表中称："2014年2月，我们签署了协议，用我公司183 865 778股A类普通股和大约40亿美元现金，收购私人控股Kauai平台移动通讯公司WhatsApp。……交易结束时，我们还将向WhatsApp的员工授予45 966 445股受限股。"

与WhatsApp交易相关的留任奖金有如下关键点：

● 收购价格最初固定在160亿美元，包括120亿美元的A类股，40亿美元现金。此外，与受限股（限制性股票单位）挂钩的留任奖金最初股价为30亿美元。

● 按照最初的估价，留任奖金约占直接购买价里股票对价的25%，直接购买价总额的19%。后一百分比，有可能会随成交时Facebook的股价而有所改变。

● 留任奖金包括了股票报酬。受限股不能直接提取，而需依据一套要求员工在收购方留任的兑现计划。授予WhatsApp创办人和员工的受限股，兑现期为4年。

● 据信，WhatsApp收购是一桩对WhatsApp工程师极为有利可图的交易，成交后留在Facebook的奖励极高。有人分析，高级工程师在4年的兑现期之后，光是从受限股中就能拿到近230万美元。[9]从这一点来看，怎样设计一桩交易以实现对人才的黏性呢？

接下来，让我们来看看图11.2中与谷歌相关的两桩披露或报道了留任奖金信息的交易。

2007年，谷歌收购了Postini公司，该公司提供按需通信安全及兼容性解决方案。购买价格是5.457亿美元。此外，谷歌在 10-Q 报表中披露，它“到 2011 年前有义务支付高达4 480万美元的现金费用，是否兑现取决于每名员工在我公司的继续在岗。只要员工符合条件，这些或有费用届时便将兑现”。

2013 年，谷歌收购以色列众包地图和导航公司 Waze，在 10-K 报表中，谷歌披露其收购价为 9.66 亿美元现金。此外，据以色列新闻网站 Haaretz 报道，在未来 4 年，还有 1.2 亿美元会付给 Waze 的员工。[10]这 1.2 亿美元里，有4 500万美元用于交换 Waze 员工手里持有的该公司期权和股票，另外7 500万美元则是报酬。7 500万美元的报酬安排，在某种程度上旨在帮助挽留新近受聘、手里没有期权的 Waze 员工。

与 Postini、Waze 这两桩交易相关的留任奖金协议，有如下值得注意的地方：

- 在 Postini 交易中，留任奖金占购买价的 8%左右。
- 在 Waze 交易中，留任报酬为7 500万美元，大约也占购买价的 8%。
- 不过，尽管两桩交易的留任奖金比例都为 8%上下，请不要认为谷歌采用了公式化的留任奖金池。考虑到目标公司的技术、挽留关键人才的愿望，以及目标公司成交时的价格，留任奖金池是很不一样的。
- Waze 收购除了设置7 500万美元的留任奖金池，部分 Waze 员工为求兑现早前在 Waze 所得的期权，也有动力继续留在谷歌。在科技企业收购中，这种情况并不少见。
- 随着时间的推移，留任奖金（相较于盈利能力支付计划）成为谷歌用来留住人才、刺激半有机生长的载体。现在，我们来探讨一下这种变化产生的主要原因。

远离盈利能力支付计划

谷歌的创办人喜欢盈利能力支付计划。毕竟，从理论上说，这种或有对价形式是一种强大的激励因素，把额外的奖金跟目标公司达成重要成功结果联系在一起。盈利能力支付计划似乎是保证购买价的天然附加品，能提高挽留企业创办人的概率，并让后者在接受谷歌收购后继续投身于双方达成一致的目标。

因此，谷歌早期的大部分收购，都在交易中包含了盈利能力支付计划的部分。但两位创办人对这种以特定里程碑为基础的或有对价方式，感情日渐消退。谷歌日后会过渡到采取以时间为基础的留任奖金，不包括具体的绩效指标。[11]

但为什么会发生这种改变呢？至少有 3 个原因。

dMarc 的经历

首先，图 11.1 中所示的 dMarc Broadcasting 收购进展不利。2006 年，谷歌收购了 dMarc Broadcasting，该公司与电台广告商合作进行电台广告的销售、调度和投送。根据谷歌 2006 年的 10-K 报表，交易价格是9 760万美元现金，外加高达 11.36 亿美元现金的或有（盈利能力支付计划）对价。请注意，盈利能力支付计划占了总交易额的 92%！以下摘录自 dMarc 交易相关的 10-K 报表。

> 此外，我们还额外承担高达 11.36 亿美元现金的或有费用。具体来说，如果达成推出某一产品的里程碑，我们

> 将额外支付2 500万美元现金；如果 2007 年和 2008 年的广告净收入及广告库存目标都分别完成，我们将在相应年份再支付 3.9 亿美元和 7.21 亿美元……净收入目标的计算，是按电台广告流通所实现的收入减去这些收入的相关库存收购成本。广告库存目标的计算，则要参考我们系统中每一季度可用广告时段的一刻钟平均听众人数。由于这些或有费用以实现绩效为基础，实际支出有可能远远少于此数。

结果，实际支付费用果然大幅缩水。2007 年 2 月（交易宣布后仅仅 1 年），dMarc 的创办人查德·斯蒂尔伯格和瑞安·斯蒂尔伯格离开了谷歌，原因是他们在电台广告流程应该达到什么样的自动化程度方面，跟谷歌发生了重大冲突。显然，dMarc 的两位创办人想要的销售人员比谷歌更多，也对低于预期的收入增长表示担忧。[12]《纽约时报》在报道中对谷歌进入电台广告业务的障碍这样写道："业内人士认为方方面面都存在问题，比如文化冲突，电台行业（极大地依赖销售代表）的阻力，自动化的广告系统。但最常提及的障碍是，谷歌显然没有能力确保播出时间（也即广告库存），好让自己的系统对广告客户产生吸引力。"[13]

2009 年，谷歌中止了电台广告业务，并宣布有意出售 Google Radio Automation。

不光进入电台领域的尝试失败，而且，谷歌与 dMarc 创办人之间的关系也始终非常紧张，双方公开宣称有可能将争议诉诸法庭。如上所示，盈利能力支付计划数额庞大，占潜在总交易额的 92%，所以相当大的部分都没有兑现。

dMarc 交易带来的挫折和紧张，触发了谷歌放弃盈利能力支付计划的念头。

重写

其次，谷歌发现，最初的盈利能力支付计划草案，有可能并未把握交易后才逐渐浮出水面的重要绩效指标。

例如，2005 年收购安卓最初撰写的盈利能力绩效目标，随着谷歌对安卓手机操作系统的愿景演进而改变了。为了继续激励安卓团队朝着正确方向前进，双方的协议有必要重写。事实上，安卓的盈利能力支付目标至少重写了两次。

技术市场瞬息万变，很难预测交易完成后会冒出什么重要的事情来，哪怕只是短短几个月。重要的盈利能力绩效目标很可能会天翻地覆。

让创办人的焦点变得狭隘

谷歌放弃在收购协议里设计盈利能力支付计划的第三个原因是，交易结束后，创办人过分关心盈利能力指标，其焦点会变得狭隘。

一如学生容易只看教授在考试里要考的内容，忽视其他重要素材，被收购企业的创办人和员工也往往只关心盈利能力支付方案里提到的目标。就算被收购公司里的人才逐渐意识到，在绩效目标之外，有其他更重要的因素可促进收购公司的半有机生长，他们仍有可能付出不必要的努力去争取实现早前设定的目标。

熬够时间等兑现

基于上面提到的 3 个原因（dMarc 的经历，需要重写，限制了创办人的关注焦点），谷歌的高级管理层决定，公司应当放弃盈利能力支付计划，转而投入留任奖金的怀抱。

但留任奖金有另一些不同的缺点。怎样才能保证被收购公司的创办人和员工继续执着地投身于对半有机生长而言重要的目标呢？如果只要“留下来”就行了，那么，怎样防止这些新加入的员工“在其位不谋其事”呢？“熬够时间等兑现”会不会变成明显的危险？（这里的兑现指的不是股票，而是以时间为基础的现金费用，因为谷歌几乎所有的留任奖金都是现金支付。）谷歌希望，从事有意义的项目带来的兴奋，公司文化，以及过了留任奖金期限仍然想待在谷歌的愿望，能激励员工继续努力工作。

就目前而言，留任奖金上位，盈利能力支付计划出局。但盈利能力支付计划能否东山再起，分析人士仍在观望。

Chapter 12

第十二章

并购整合和半有机生长的维度

对一桩收购进行成功整合，是获取交易价值的主要过程。收入的提高、成本效率的实现，都离不开整合努力。早期的并购研究都已意识到这一点。1962 年有研究者指出：“因为整合过程中的忽视和处理不当，损失了被收购公司许多极具潜在价值的资产。”[1]

正如我们在前面的章节看到的，谷歌并非所有的并购整合工作都取得了成功。回想一下，早在 2003 年买下 Applied Semantics 时就发生过问题，2005 年，谷歌请 Applied Semantics 的前 CFO 领导设计更有效的并购整合方法并加以实施。

谷歌随后的收购也连续出现重大整合挑战。在第十一章，我们看到 2006 年的 dMarc Broadcasting 交易使用盈利能力支付计划，令当事双方产生巨大的分歧和无奈。2011 年的 Zagat 收购，其相关整合工作也充满了不满甚至愤怒。

不过，尽管存在一些这样那样的小问题，谷歌的大部分收购整合都十分成功。是因为该公司的核心 DNA 里有什么奥秘吗？还是说，谷歌通过实验，逐渐学习到应该怎样推进并购整合才顺利？

本章我们将探索典型的战略层面，为并购整合提供一幅蓝图。我们将考察谷歌的半有机收购模式怎样与计划相契合。我们将分析，为什么就整体而言，谷歌在执行非常具有挑战性的整合战略时相当成功，它是怎样做到的。

并购整合的分类

1991 年，哈斯普斯劳格和杰米逊（Haspeslagh and Jemison）提出了并购整合的分类方法[2]，虽然自此以后又衍生出了诸多变体，他们的开创性工作仍为并购整合工作的性质确立了关键的维度，至今都是一套十分有用的框架。两位作者提出了两个关键维度，可生成一个 2×2 的网格，来指导并购整合。这两个维度是自主性和战略依存性，由此带来了 4 种可能的整合战略，如图 12.1 所示。

自主性维度是指目标公司在未来发展方向上的自主程度（是基本保持独立，还是受严格管理）。另一方面，战略依存性反映的是收购方和目标公司的技术、产品或服务在交易结束后相互联系的程度。

如图 12.1 所示，根据该网格两大维度的分析，可得出 4 种主要的整合风格（吸收、控股、保留和共生）。

1. 吸收。这大概是人们听到整合一词时首先想到的风格。吸收的特点是，将目标公司紧紧地同化到收购方，让收购方的文化和商业管理占主导地位。如果自主性需求低，战略依存性需求高，吸收可能比较合适。20 世纪 90 年代，思科因通过收购来建设自己的技术解决方案而闻名。用思科 CEO 约翰·钱伯斯

		对战略依存性的需求：低	对战略依存性的需求：高
对组织自主性的需求	高	保留（伯克希尔·哈撒韦）	共生（谷歌的半有机并购）
	低	控股（许多私募股权交易）	吸收（以思科为典型）

图 12.1　四种可能的整合战略

资料来源：Haspeslagh & Jemison，*Managing Acquisitions：Creating Value through Corporate Renewal*（Free Press，1991）.

(John Chambers）的话来说："如果兼并中你不能把资源和文化融合起来，那就两个只能活一个。"（后来思科在许多交易里修正了自己的这种倾向。）

吸收的最极端情形可称为"博格人战略"。博格人是科幻影视剧《星际迷航》里出了名的"贪婪"的外星物种，他们有一句名言："我们会把你们独特的生理和技术特点加入我们的。你们的文化会适应我们，为我们效力。抵抗是徒劳的。"

2. 控股。这种整合风格的特点是，对自主性的需求低，对战略依存性的需求也低。私募股权公司主动改变目标公司的管理和运营，以求提高财务业绩，就可以采用这一战略。此外，目标公司成为了投资组合里的一个元素，跟组合里的其他公司关系极少，或是根本没有关系。

3. 保留。这种风格的特点是，自主性需求高，战略依存性需求低。典型例子是伯克希尔·哈撒韦公司，它通过收购获取了数十家不同且基本独立经营的业务单位。巴菲特经常说，他的目标公司必须有自己独立的管理层，因为伯克希尔·哈撒韦公司无力提供。（事实上，巴菲特在 2013 年的股东信里说，在奥马哈的公司总部里，只有24名男女员工与他共事!）巴菲特的核心战略一直是收购有着优秀管理层的优秀公司，接着保留（并支持）它们。

4. 共生。共生整合风格的特点是，自主性需求和战略依存性需求都高。共生的核心是，融合收购方和目标公司，让双方的技术、人才和产能进行有意义的相互交换。这种炼金式的双向整合，或许是最难顺利执行的一种。[3]

如我们所见，在谷歌的并购历史中，它显然采用过多种整合风格。而收购一开始采用的风格，可随着时间的推进发生变化。不过，我们最感兴趣的，还是谷歌怎样实现共生式整合（还大多取得了成功）。实际上，这种整合形式，跟半有机生长是最一致的。

谷歌的整合风格

2003年，谷歌怀着让广告业务范围从付费搜索扩展到在整个网络世界输出文本广告的目标，收购了Applied Semantics（ASI）。这时候，它在并购整合游戏里，还相对是个新手。

我们在第二章指出，ASI拥有技术（CIRCA/AdSense）和人才，可以跟谷歌自己的技术与人才融合，开发可分析网页内容，进行广告置入的文本广告系统。

虽然谷歌/ ASI的整合努力并非失败，但也很难说大获全胜。整合比炼金还讲究吸收。Applied Semantics的工程师和管理者会根据严格的职能划分向山景总部的同事汇报工作，工程对工程，营销对营销，财务对财务，等等。随着公司被迅速纳入收购方的层级结构，ASI 的企业团队互动遭到削弱。

毫无疑问，这种整合风格很好地满足了谷歌的一些短期目标。技术得到了有效融合，但这种效率也要付出代价：ASI 的人才在这台搅拌机里经历了一些不理想的结果。谷歌对 ASI 的整合，游走在吸收与共生的界限边缘，但或许朝着吸收的那一边略微快了些。如果能让 ASI 更自由地以创意企业团队的身份运营一段时间，或许更符合谷歌的战略意图。

好在谷歌很快意识到，未来，并购之后的活动必须有所改变。谷歌始终热爱实验，决定寻找更有效的办法来整合收购技术和人才。

研究表明，尤其是在服务和知识密集型产业的交易，自主比集权效果好。特别是在技术产业里，目标企业获得的自主性，跟人才保留度高相关。

例如，兰夫特和洛德（Ranft and Lord）指出：

> 高科技企业的许多收购，动机都来自收购方渴望提升自己的战略技术能力。但是，这些能力有可能是嵌入在被收购企业个人与集体人力资源复杂却又不成文的知识库里的。这就为收购方带来了困境，因为，和有形或金融资产不同，被收购企业的宝贵人力资产不能购买，也无法完全拥有，他们可以随时离开收购方。因此，挽留人才在知识密集型企业的收购执行过程中有着至关重要的地位。[4]

接下来，谷歌将在一些重大交易中尝试更大程度的自主性。

采用保留模式的收购交易

2005 年 8 月，谷歌收购安卓，这是一家总部设在帕洛阿尔托的小型创业公司，为智能手机开发软件。谷歌收购该公司，引发了谷歌将进军手机市场的传言，但当时人们不清楚谷歌会怎么参与这个市场。创办安卓的两个关键人物，安迪·鲁宾（也是 Danger 的联合创办人）和里奇·米纳尔（Rich Miner，Wildfire Communication 的联合创办人）加入了谷歌。

谷歌允许安卓在相当大的程度上自主运营，不光获允维持独立的设备，还可在员工招聘上享受前所未有的自由度。安卓基本上保留原样，并将谷歌的资源投入开发工作。

尽管谷歌的部分高管，包括前企业发展副总裁大卫·劳威，最初都对安卓交易能否取得成效表示怀疑，但随着安卓（经过数次更新换代后）起飞并成为主流手机操作系统之后，高管们改变了态度。

2006 年，谷歌收购了 YouTube。收购完成后，YouTube 继续独立运作，保留品牌和所有员工，包括联合创办人查德·赫利和陈士骏。

埃里克·施密特（谷歌当时的 CEO）亲自积极主动地保护 YouTube 的自主权。谷歌不想毁了 YouTube 的产品创新和文化灵活性。一名熟知该次交易的谷歌前产品经理表示："YouTube 的发展太好了，他们害怕搞砸了，有时候，大公司收购小公司很容易这样。"为此，YouTube 保留了在圣布鲁诺的办公地，并未搬到谷歌总部。而且，迟至 2014 年，YouTube 的办事处也未见明显的谷歌品牌标识。

在谷歌工程和数据中心资源的帮助下，YouTube 的工程部门（由陈士骏主持）得到了加强。赫利也欢迎其他谷歌员工的加入，尤其是能很好融入 YouTube 文化的人。但 YouTube 并没有得到跟安卓同等的新员工招聘自由度，“山景总部否决赫利喜欢的候选人，也会叫他感到很丧气”[5]。

谷歌为并购整合调整了多个变量，发现了其中无数的微妙之处，时不时地能获得一些明显的成功。总体而言，自主程度得到增强，目标公司保留独立（至少保留一段时间）的情况也越来越常见。

共生和半有机生长

虽然谷歌的每一桩收购都有着鲜明的特点，需要单独考察目标公司的整合方式，但整体而言，谷歌似乎在逐渐把共生作为主导形式。这种情况的出现，似乎是出于如下几个原因。

首先，谷歌的核心 DNA 包含了一种鼓励员工（特别是工程师）做实验的倾向。而这样的实验，需要可观的自主权限。

谷歌工程部副总裁，负责谷歌地图、谷歌地球和街景项目的布莱恩·麦克兰登（Brian McLendon）曾说过：“谷歌对收购项目创办人的吸引力在于，他们有了一个点子后，从财务上考量，他们只能办一家创业公司。可他们真正想做的是更宏大的事情。谷歌可以为这把雄心之火倾注火箭燃料。”[6] 不妨感受一下这话里蕴含的自主意味。

为雄心之火倾注火箭燃料。这画面叫人联想到共生交融的漫天火海。而且，谷歌为炼金法术提供的燃料，往往不仅仅是财务资源。

对很多甚至大多数收购，谷歌如今有一套现成的针对目标公司产品或服务的相关举措。我们在第二章中提过，为获得以效率为基础的协同效应（规模或范围），相似性或许很重要；但互为支持的差异（增强型协同效应），则依靠互补性实现价值。

存在依存度的互补性收购，可以通过设计实现健康的经济性，这是半有机生长的一个关键维度。目标公司的创办人和其他员工获得可观的自主权，继续追求自己的目标，但要放在谷歌产品服务组合的大背景下，为共生融合提供燃料。

的确，有时候，谷歌会把来自目标公司的工程团队分配给公司内部现有的产品团队，放弃目标公司的产品。这种购聘形式相较于普通购聘更强调"聘"的方面，我们将在下一章详细讨论。不过，就目前而言，我们要关注的是目标如下的交易：将卖家的核心创业活动与谷歌内部现有或即将推出的产品进行多种形式的互动混合。

请看图 12.2 中列举的 2014 年谷歌的部分并购活动，它们可以约略代表这种共生模式。我们按顺时针方向，逐一简要介绍一下这些"炼金"交易。

我们之前探讨过谷歌收购了构建学习算法的人工智能公司 DeepMind。据报道，DeepMind 的员工包括十多名深度学习领域（这是人工智能研究的一个分支，旨在解决视频面部识别、真人对话中字词识别等任务）的世界级专家。虽然 DeepMind 尚未发布产品，但在让计算机从极有限反馈中学习上取得了重大进展。[7]从改善声控搜索到有效地推荐新的购物商品，甚至让机器人在外部环境中巡航，其工作在多个方面都可与谷歌现有及

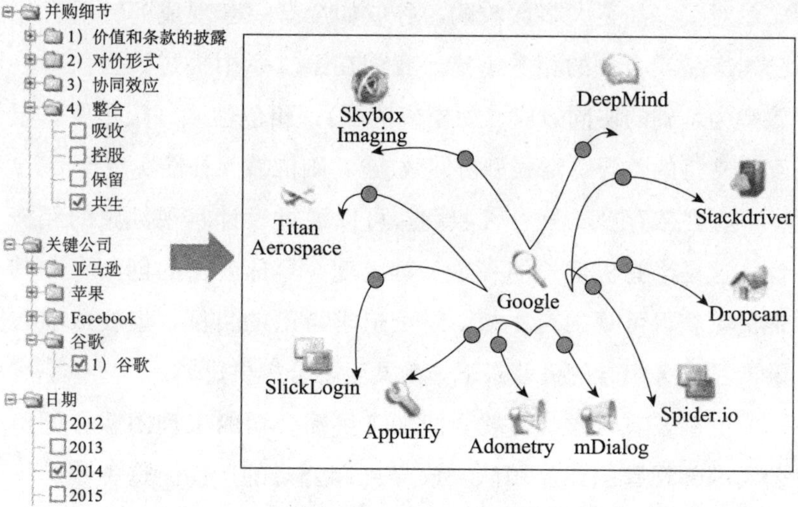

图 12.2　2014 年间谷歌共生融合的例子

将来的产品、服务进行互补互动。

谷歌收购了 Stackdriver，该公司开发的技术，可支持开发人员监控在“云”上运行的应用程序和服务，可直观地看到报错、性能、行为和操作。Stackdriver 团队将努力把自己的技术与谷歌云平台相整合。通过购入 Stackdriver，谷歌试图让自己的平台从竞争日益激烈的云计算市场里脱颖而出。

谷歌收购 Dropcam，该公司制造用无线 Wi-Fi 连接的摄像头，提供将流媒体实时视频推送到移动应用的服务。在此过程中，谷歌/Nest 增加了各种相关的产品和服务，努力成为各类家用可连接设备的主流操作系统。

接下来，我们来看一系列与谷歌核心广告业务明显共生互动的收购。

谷歌收购 Spider. io，后者开发技术识别、删除网络广告的欺诈点击。Spider. io 的 7 名员工，包括创办人道格拉斯·德雅格都加入了谷歌。这 7 人里有 3 人有博士学位。谷歌在博客上宣布这一交易时说："……只有当营销人员相信，自己的广告能到达真正的人，他们所看到的结果，是其真正感兴趣的东西，广告生态系统才能蓬勃发展。为了帮所有人把蛋糕做大，我们必须对网络欺诈问题迎头而上。"

谷歌收购 mDialog，后者开发允许大型媒体公司在多种产品（包括 iPhone 和 iPad，安卓设备，以及 Xbox 和 Roku 等流媒体产品）上管理、推送广告的技术。短期内，mDialog 会继续提供服务。不过，谷歌计划将该公司的技术最终融入 DoubleClick。

谷歌收购 Adometry，该公司侧重于在线广告的归因分析，落实具体是什么样的在线广告能刺激用户点击广告购买产品。Google Analytics Premium 提供数据管理、流量和广告报告等服务为网站提供支持，Adometry 的技术可用于促进该业务的发展。

谷歌收购 Appurify，该公司提供的技术，可让开发人员对移动应用程序和网站进行自动化的测试及优化。Appurify 的 20 多名员工将加入谷歌。Appurify 会继续提供免费的跨平台服务，但整合到谷歌的开发者工具包后，在采用率上会大幅提升。应用测试和优化对安卓很重要，因为安卓操作系统经过多次改版，碎片化始终是个问题。

谷歌收购 SlickLogin，该公司开发的技术，允许用户把智能手机放在电脑或平板电脑附近，认证密码保护的账户。SlickLogin 的创办人曾效力于以色列国防军的网络安全部门，现将加入谷歌。谷歌希望利用 SlickLogin 的团队和技术，把这一认证技术跟自己现有及未来的多种产品结合起来。

最后是旨在与谷歌空中服务进行交互的收购。

谷歌收购 Titan Aerospace，该公司多年来致力于开发真飞机大小的无人机，希望它能不间歇飞行。谷歌报告说，Titan 的技术可用于拍摄地理图片，为偏远地区提供互联网接入服务。Titan 有大约 20 名员工（包括 CEO 韦恩·拉波恩）打算留在新墨西哥州。Titan 将与谷歌的 Loon 项目（以及谷歌的其他新兴项目）合作。Loon 项目开发高海拔大型气球，为偏远地区提供互联网信号。

谷歌收购 Skybox Imaging，该公司设计相对廉价的小型卫星，每天收集地球的照片和视频。其低地球轨道卫星计划在轨道上运行 4 年左右。Skybox 的 120 名员工，包括 CEO 丹·贝肯斯托克（Dan Berkenstock）最初分配到了 Google Maps 部门。一开始，谷歌收购 Skybox 主要是为了借助其图像能力支持 Google Maps。然而，贝肯斯托克认为 Skybox 具有数据挖掘功能，可以让投资者和企业客户从航拍中获得市场情报。（比如，持续监控停车场上的车辆，估算家得宝公司的季度销售额。）

这一系列交易仅仅反映了很小一部分明显包括共生元素的谷歌收购。在这些交易中，目标公司将继续在技术上自主运营（程度略有不同），但在战略上与谷歌现有或新兴的产品/服务展开互动。

让共生运作起来

让卖方的创办人和员工继续追求自己充满激情的东西，是实现共生的一个主要因素。假设目标公司选择的方向，跟收购方的产品有着极大的战略互动潜力，共生的必要成分就已经到位了。

但要让炼金术真正发挥作用，还需要考虑到其他环节。

态度　成功的整合需要合适的氛围。哈斯普斯劳格和杰米逊（1991）强调以下氛围条件，对共生风格的整合工作尤为重要：

- 欣赏各自的组织背景和不同之处。不光较大规模的收购是这样，对有着鲜明文化的小型购聘也是这样。Northrup Grumman 前 CEO 肯特·克雷萨（Kent Kresa），也是 Northrup 多桩著名收购背后的设计师，喜欢把并购整合与 19 世纪末期纽约城市的活力四射相提并论。来自爱尔兰、意大利等国的移民搬进了城，每一种文化的最优秀之处合并成了全新的纽约，这就是一个炼金的过程——虽然这绝非完美的过程。并购整合也是一样，每一家公司最优秀的地方都应得到欣赏和认识，并放进新的组织里。

- 合作的意愿。要将相互依存转换为现实，收购方的产品团队必须准备好调动来自目标公司的技术和人才。如果没能做到，卖家就会受到孤立，游离于公司关键举措的边缘。回想一下我们在第八章里讨论过的谷歌收购 Slide 失败的情况，很明显，马克斯·列夫琴成了 Google＋社交网络业务的边缘人。当然，孤立的原因有可能来自收购方、目标公司，或是兼而有之。

- 接受、转移所得能力的足够容量。收购方和目标方都必须有足够的闲置资源。不经过必要的努力和能力去促成混合，也就不会有整合。跨边界的整合团队必须就位。谷歌此类团队在性质上的转变，我们将在本章后面部分做更详细的探讨。

- 持续就整合努力的目的进行沟通。随着收购方和目标方对彼此的了解更深入，也随着市场条件的不断变化，整合努力的目的也在变化。哈斯普斯劳格和杰米逊强调了存在潜在破坏性的“决定论”态度，也就是自始至终都坚持最初的交易指标，罔顾压倒性的证据都证明指标早就该做调整。我们在第十一章中讨论过，谷歌转而采用留任奖金（相对于盈利能力支付计划）的原因之一是，并购交易（包括安卓）的成功指标随时在变。

提利康格斯和约瑟夫（Teerikangas and Joseph）对态度和并购整合做了如下总结：“态度可对并购造成积极或消极的影响。成功整合的经验下固然藏着公平、实验、学习、进取心和谦卑，两家组织在并购之后的相处中也有可能产生破坏性反应。”[8]

要特别注意上述引文里的“进取心”这个词。乍一看，它跟其他的形容词，比如公平和谦卑，似乎不大搭调。然而，在整合目标公司的融合过程中，收购方也可能和气得过了头。举个例子，2001 年，General Mills 收购了 Pillsbury，前者就被批评在收购后对目标公司过于随和，导致整合进度十分缓慢。进取心是成功组织共生所必要的态度。

人才管理　哈斯普斯劳格和杰米逊指出，并购交易的价值泄漏，既可能是经济上的，也可能是心理上的。[9]主要以技术和人才资产收购为动力的共生交易，尤其容易出现心理泄漏。如果卖方的创办人或员工感受到了不必要的压力和不确定性，就会出现心理泄漏。由于收购方往往要依赖目标公司全情投入地去实现收购成功指标，这种无形损失有可能代价惨痛。

在技术收购中，维系工程师的投入感尤其重要。如果管理不当，整合努力有可能在工程师或“发明家”群体中造成很大的负面影响，因为这些人的社交网络比其他类型的员工更具破坏性。有研究得出结论：“提供技能的发明家如果有别于收购方，程序的中断是最受伤的，尽管他们有着不重合的技能，对收购方极具吸引力。”[10]

因此，在高度共生的半有机生长举措中，与人才投入度泄漏相关的风险颇大。评估新收购来的人才是否处在适合其专业技能的政策或规范之下，这一点非常关键。

对大量如图 12.2 中所示的共生收购，相对小型的工程师团队会继续在谷歌收购前就开发的技术下工作（大多不存在管理变动）。这种安排最大限度地减少了潜在的心理泄漏，如果对现有或未来谷歌产品及服务的跨界努力经过精心设计，就更是如此。

谷歌扩大了整合团队的人员构成，团队里不光包括流程经理，还包括掌握影响技能、具备管理整合（以实现实质性合并）的商业头脑和技术专业知识的成员。

尽管心理并购价值不可避免地会出现一定程度的泄漏，但谷歌会定期对收购来的人才进行调查，掌握其整合体验的相关信息，以求改善人才的上岗情况。还是那句话，目标是要通过实验和知识，实现持续的推进。

速度和时机上的细微之处　请切勿以为所有的收购都可静

态地分配到如图 12.1 所示的网格当中。举例来说，收购有可能最初采用保留模式，可随着时间的推移，有必要更积极地进行合并，才能实现共生目标。

哈斯普斯劳格和杰米逊强调，要知道：（1）从哪里开始整合；（2）以多快的速度推进；（3）实现对并购成功至关重要的所有成功指标的最佳路径。不过，如前所述，成功指标不应该视为一成不变的终点，而应该根据实验、发现、不断变化的市场动态，不断进行修正。

考虑到这三个步骤，再借助哈斯普斯劳格和杰米逊的基本框架，让我们来看看几桩谷歌收购的共生整合规划该怎样推进最好。请参考图 12.3。

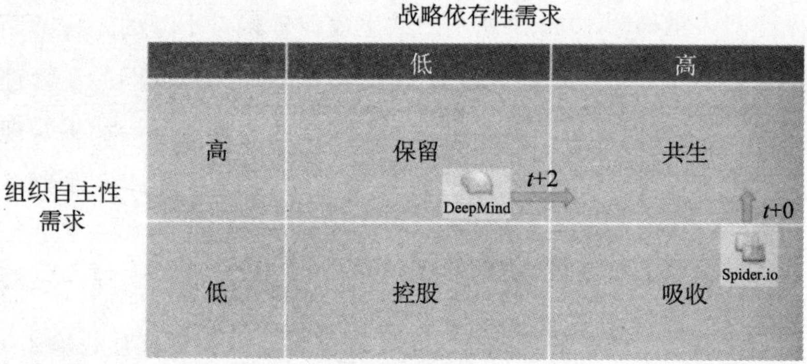

图 12.3 整合的出发点和运动

就 DeepMind 而言，我们不妨从保留入手，想方设法地挽留人工智能领域的独特人才，以求将心理泄漏限制在最低限度。当然，我们要对团队施加影响，请他们解决对谷歌而言特别重要的问题。等成交两年后（$t+2$），拿出了针对谷歌产品或服务（比如，和搜索或机器人相关）的具体解决方案，我们再把技术甚或人才纳入特定的谷歌产品。这样的成功路径，或许比整合运动的精确速度更显而易见。不过，有一点很关键：在走向融合的过程中，我们要施加最少量的运营控制，并且保持目标公司的战略方向。

就 Spider. io 而言，收购的技术和人才一开始就在谷歌的一项服务里处于后勤的位置。Spider. io 的欺诈点击检测解决方案，显然属于 DoubleClick 的一个组成部分。把 Spider. io 的团队分配到 DoubleClick，从交易结束后的第一天开始就把他们引导到强化谷歌广告平台的工作上，应该很合适。此时的目标是，从吸收和共生的交界位置入手，尽快完成融合。

这两种场景都是对整合计划的高阶模拟。当然，任何整合计划，都要考虑微观动态（包括买卖双方团队内部的个性变量，目标公司与收购方的地理距离等）。

学术文献对整合的速度权衡问题始终争议不断。一方面，速度很重要，因为现金流回收速度越快，收购方获得的现值越高。此外，在合并之初，往往有一个窗口期，此时对目标公司的各种调整，都更容易接受。

另一方面，收购方尚未完全理解目标公司就进行快速整合，有可能导致决策失误，造成经济和心理上的价值泄漏。有研究指出："然而，速度也有负面影响。较慢的整合可能会让合作伙伴之间的冲突降到最低，增强信任纽带，减少对双方公司现有资源和进程的破坏。因此，获得速度是要付出代价的，有些情况下，速度的代价大于其收益。"[11]

总而言之，成功的收购方会为每一桩交易确立一个起点，一条通往所需目标的路径，以及整合之路的可行速度。不大可能有一套适合所有收购的万能方案。对并购整合更好的思考方式，是把它看成一本操作手册，能应对多种情况和微妙细节。一招鲜吃遍天是不行的。

必须进行微观分析

提利康格斯和约瑟夫有一篇论文曾对交易后整合相关的研究做了概述，提出了一段有见地的结论："综上所述，并购整合研究主要是透过宏观组织层面上的、静态的、线性的、描述性的和规定性的镜头进行的。这种观点忽略了并购在微观组织层面上的（即个体行为人及其行为、态度等）、动态的、新兴的、建立在实践基础上的方面。"[12]

由于收购活动的力度大，谷歌或许代表了分析并购整合动态最丰富的实验室环境。理解这些动态，不光是要从包括高阶框架在内的宏观角度看，也要有包括团队甚至个人个性变量的微观视角。

也许，把并购看成求爱而不是收购更合适。如同婚姻一样，不是所有的整合都能成功走下去。但如果收购方对本章所述的态度、人才管理和时机层面足够敏感，成功的概率更大。

Chapter 13

第十三章

购聘提升谷歌服务

在前面的章节中，我们介绍了怎样把谷歌的收购跟市场相关活动联系起来。例如，在第四章，我们绘制了一幅 MIT（媒体、互联网和技术）分类目录树，我们可以在给定的细分市场里对交易进行分类、搜索和分析。

不过，投资人或许会从市场的角度思考，客户却不这么想。客户购买产品和服务。企业业务发展主管必须经常性地判断并购活动该怎样创造或支持能到达客户的具体产品及服务。

本章中，我们将扩大市场模型，纳入一幅目录树（含主要的分类），用来识别谷歌的主要产品与服务。接着，我们会分析给定收购对具体的产品或服务有着怎样的提升作用。

下一步，我们会找出组织可以用来支持现有或新产品及服务开发的 4 种购聘形式。每一种形式，都代表了目标公司与收购方人才/技术的一种独特融合。

最后，我们会探讨 16 名谷歌并购兄弟会成员人生中的大事。他们都曾创办过公司，在公司卖给谷歌之后，决定去追求新的事业。和收购来的技术一样，人才是买不了一辈子的。购聘得来的人才可以自主决定是待在收购公司，还是告别过去继续前行。谷歌并购兄弟会是一个很值得观察的有趣群体。

为什么能到达客户的产品应该是并购活动的推动力

罗伯特·布鲁纳（2004）为GE动力系统（GE Power Systems，后更名为GE能源集团，GE Energy）设计了一套矩阵，根据能到达客户的产品，映射了细分市场。[1]我们在图13.1中里列出了改编自布鲁纳研究的矩阵样例。

需要注意的是，可再生能源这样的重要细分市场，进一步细分成了更具体的二级细分市场，包括生物质燃气发动机、水轮机和发电机、太阳能电池及组件，以及风力涡轮机。当然，和我们的MIT市场模型一样，这一能源细分市场样例是动态的，要不断跟进更新。在二级细分市场下做进一步的划分（第三级、第四级，甚至更多），往往很有用。

最后，请注意，网格里，市场/产品交叉的一些矩形，标注为目标区域，另一些则标注为热点目标区域。这些空间代表了企业高管或发展经理确认的最为重要的领域，在这些领域的发展，极具战略意义。这些领域的收购，可以增强收购方现有产品/服务平台（从半有机生长的意义而言），从而让收购方拿出新的产品或服务。

谷歌产品/服务树样例

现在让我们在市场模型里再发展出一条重要的分支，以便对谷歌产品和服务相关的半有机生长进行分析和规划。图13.2的样例快照，来自目录树样例，它包含了谷歌的多种服务。

请注意，图13.2描绘了谷歌及它的一些主要竞争对手，谷歌的项目是展开的，可以看到它的产品领域。列出的产品和服务范围

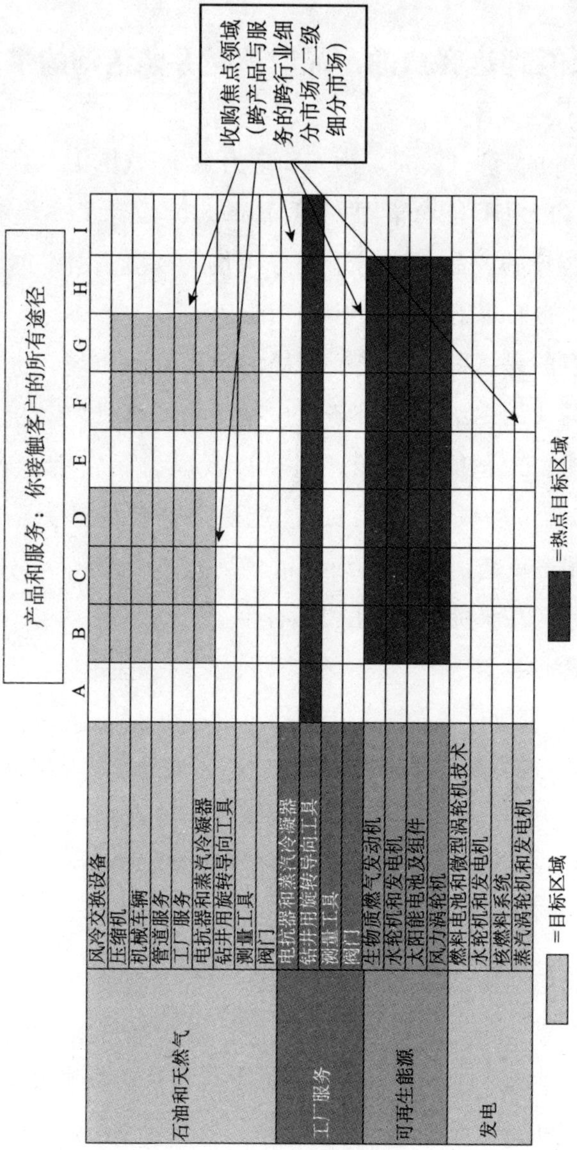

图 13.1 根据产品映射细分市场

资料来源：改编自Bruner，*Applied Mergers and Acquisitions*（2004）。

从安卓到 Google knowledge graph。（我们会看到，其他产品也在这个分类树里，只是本图中未显示。）

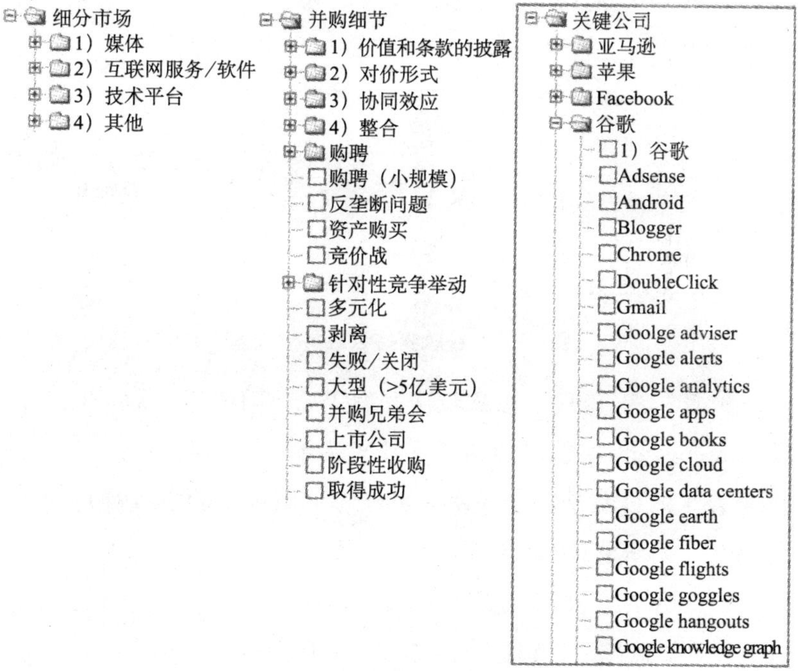

图 13.2　谷歌产品和服务分类树

一些与产品相关的并购交易

设计好分类树后，我们现在就针对支持这些产品线上任一产品发展的收购进行分析、规划。让我们来看一些例子。

Google Cloud　图 13.3 中，我们选择了 Google Cloud，生成了一幅信息图，揭示了与此项服务相关的部分谷歌收购。

阅读图 13.3 中所示 3 桩交易的简要描述时，你不妨思考一下，这些交易对谷歌的云服务接触潜在客户有着怎样的帮助。

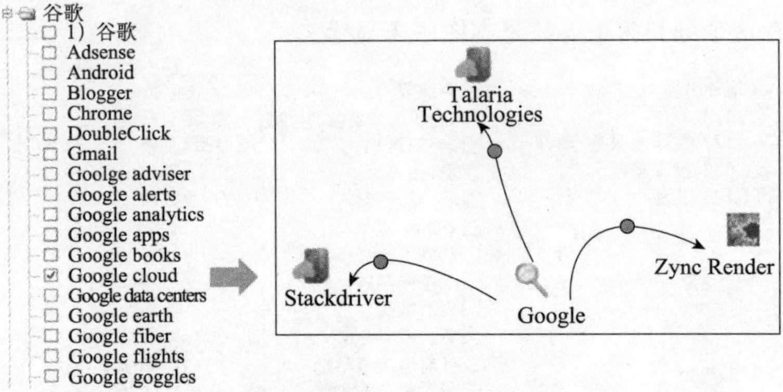

图 13.3 谷歌支持云服务的收购

- 2013 年 3 月，谷歌收购开发 Web 应用服务器的 Talaria Technologies。谷歌计划利用该技术来增强其云计算能力。Talaria 技术的目的是，让开发人员能够“用更少的方框处理更多的用户，无须更改一行代码”。

- 2014 年 5 月，谷歌收购 Stackdriver，该公司设计的技术支持开发人员监控在云端运行应用程序和服务。这一技术可让开发人员直观地看到报错、性能、行为和操作。Stackdriver 团队将努力把自己的技术与谷歌云平台相整合。

- 2014 年 8 月，谷歌收购 Zync Render，这是一家视觉效果云渲染技术公司，参与制作了《星际迷航：暗黑无界》和《环形使者》(*Looper*) 等影视作品。Zync 的技术已应用在数十部剧情长片和数百部商业广告中。Zync 公司对该交易发表评论，指出：“谷歌云平台的规模和可靠性，能让我们向客户提供更好的服务——包括更多的可扩展性，更多的主机套餐，以及更优惠的价格（包括每分钟计费）。”此前，Zync 技术针对亚马逊 EC2

云服务做过运行优化。

Google X 接着再考虑一下为支持公司研究实验室 Google X 而进行的收购。图 13.4 列出了部分此类交易。和 Google Cloud 一样，这里的分析并不聚焦于整个细分市场，而是集中在谷歌内部的一个部门。尽管 Google X 不是具体的产品，附着于这一领域的收购旨在通过提升现有产品、催生新产品，帮助谷歌到达客户。因此，它是谷歌内值得监控和分析的重要机构。

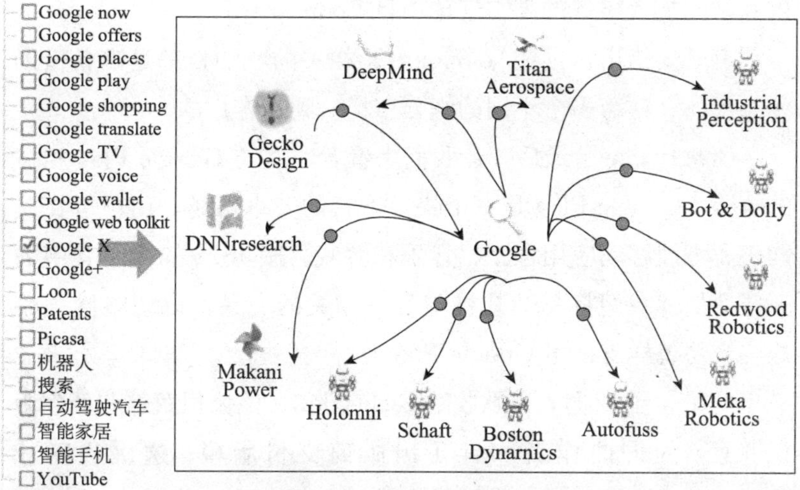

图 13.4 支持 Google X 的收购

我们已经在前面的章节里讨论过图 13.4 里列出的不少收购，所以这里只对其中的几桩略作介绍：

- 2013 年 3 月，谷歌收购 DNNresearch，该公司开发了一套基于深度学习和卷积神经网络的图片搜索系统。开发这一技术的是多伦多大学杰弗里·辛顿（Geoffrey Hinton）教授的研究小组。DNN 的技术用在了 Google+照片搜索当中，交易完成后6个月，又进一步开发了增强版的搜索功能。

● 2014年8月，谷歌收购了机械工程和产品设计公司 Gecko Design，后者在开发消费类电子产品方面有着专业知识。在制造工作开始之前，Gecko大多会和客户的工程师合作。雅克·加涅（Jacques Gagné，总裁）和Gecko的其他4名员工将加入Google X。Google X希望提升自己的设计能力，扶持旗下的消费和商用产品线，包括谷歌眼镜、虹膜智能隐形眼镜和提供互联网接入服务的高空气球项目Loon。

有必要指出：这些与Google X相关的收购，都是准备借助各类产品（横跨多个不同的细分市场）到达客户的。

Google Play　最后，让我们来看看一些与Google Play相关的收购。Google Play是一个快组增长的安卓市场，用户可在此购买、下载移动应用程序、音乐和游戏。图13.5描述了其中的一些交易。我们将总结几桩与音乐相关的交易，以便略微领略这些交易怎样支持了Google Play。

● 2011年12月，谷歌收购RightsFlow，该公司跟踪和处理版权事宜，为词曲作者和音乐出版商支付版税。这次收购让Google Play和YouTube获得了有助于管理零散音乐出版行业的技术。

● 2014年7月，谷歌收购Songza，该音乐流媒体服务开发安卓和iOS应用程序，根据用户的情绪和活动，推送人工编排的音乐电台。该公司构建的数据和算法，能预测用户在特定的地点、时间段、天气或当前活动（比如睡觉时，浪漫时）中想要听什么样的音乐。谷歌计划在Google Play Music和YouTube等产品中利用Songza的专业知识，表示："我们认为收购

Songza，将他们的专业知识放到相应的环境下，是进一步提升我们电台功能的途径。”2014 年 11 月，YouTube 准备推出名为 YouTube Music Key 的付费音乐服务。

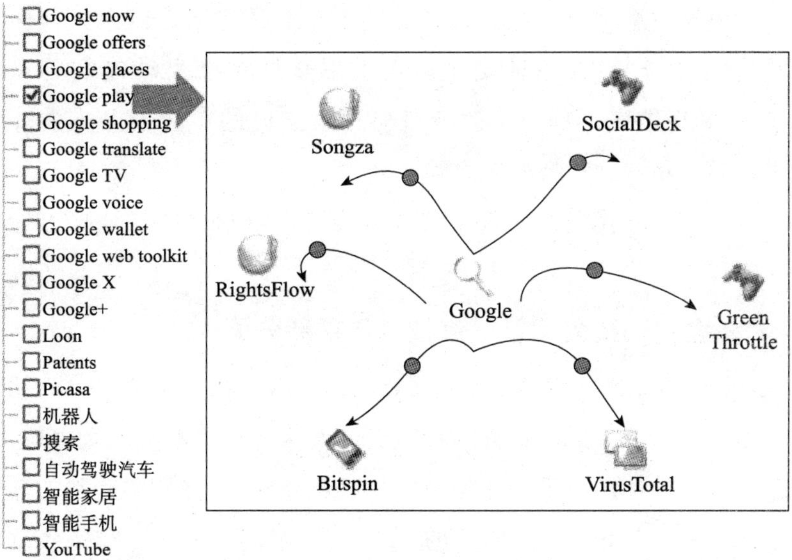

图 13.5　支持 Google Play 的收购

谷歌的一些收购，有着支持我们分类图中一种以上产品的目标。因此，我们的市场模型系统应当允许把一桩交易指定给一种以上产品或服务。这样做，能更全面地理解特定交易怎样横跨服务线，支持半有机生长。

购聘的形式

我们先前将购聘定义为收购一家公司以招募其人才的过程，不管收购方是否对目标公司的技术、产品和服务感兴趣。

购聘虽然已经存在了数十年，但近年来，谷歌和其他顶尖科技公司将这一现象发扬光大了。然而，购聘这个词的使用范围很广，可用在结构及目的多种多样的收购上。

值得注意的是，尽管谷歌着迷于招募顶尖人才（无关任何并购活动），但在企业史上，它恐怕是最积极主动的购聘家了。[2]归根结底，在心怀改变世界远大志向的企业创办人群体里，最容易找到独特的能力和天赋。

本节中，我们将识别 4 种并购类型，以求更准确地探讨这一实践。

I 型：购买公司，放弃技术，重新分配人才

柯伊尔和波尔斯基（Coyle and Polsky）在一篇论述购聘的文章中指出，如果收购方的着眼点是人才，对技术没什么兴趣，这样的交易往往会采用此类做法："Facebook、谷歌和硅谷的其他顶尖科技公司迈着轻快的步伐，购买着创业公司。在许多这类交易中，买家对收购创业公司的项目或资产没有太大兴趣。相反，买家的主要动机是招聘该创业公司部分甚至全部的软件工程师。"[3]

作者认为，近年来，科技创业公司蓬勃发展，购聘步伐加快的原因，包括如下的因素：

● 开源软件和云计算带来的成本大幅下降，发起新技术冒险的相关成本也随之大幅下降。

● 创业资本有了充足的来源，包括企业孵化器、天使投资人、风险投资公司，等等。技术成本降低、种子资金又容易找到，创业公司有能力为人才提供比大型技术企业更具竞争力的

丰厚薪酬包。[4]

● 许多科技创业公司虽然历经波折，但一流的工程甚至管理人才仍然有可能留了下来。这样的人才可能是一笔富有吸引力的“资产”，可以通过收购，在苹果、Facebook 或者谷歌等公司里重新配置，尤其是收购方对目标公司所在的领域有一定兴趣的话。

如果一家创业公司刚被收购，其产品/技术就立刻关闭，团队也重新分配到买方的产品（有可能是技术相关的产品）团队里，这就是 I 型购聘。

谷歌近年来的大部分购聘并不属于 I 型，因为一般而言，谷歌想要的是能够用于半有机生长的技术，而非纯粹对人才感兴趣。不过，图 13.6 列出了几桩可以大概视为 I 型购聘的谷歌收购。

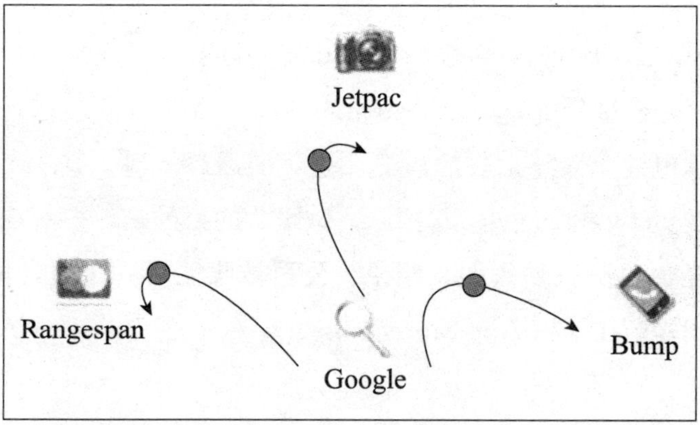

图 13.6　I 型购聘

● 2013 年 9 月，谷歌收购了 Bump，这是一款移动应用程序，两台智能手机可以通过无线网络连接，互相发送联系人信息、照片和文件。收购消息刚公布时，Bump 表示自己的应用程序会继续以独立产品的身份存在。然而，2013 年 12 月 31 日，Bump 宣布，其团队将专注于谷歌的新项目。Bump 和 Flock 不再继续开发，并将从苹果 App Store 和 Google Play 下架。收购 Bump 到关闭其产品之间只隔了短短 3 个月，似乎说明这桩收购更看重的是购聘 Bump 的人才，而非购买其技术。

- 2014 年 5 月，谷歌收购了总部位于英国的网上购物零售商 Rangespan。该公司成立于 2011 年，由瑞恩・里根（Ryan Regan）和马特・亨德森（Matt Henderson）创办，此前两人均为亚马逊高管。Rangespan 为乐购等公司提供包括实时分析在内的后台服务，支持零售商对产品进行动态判断。等团队转到谷歌内部开发购物服务，将逐渐缩减自己为零售商及供应商提供的服务。

- 2014 年 8 月，谷歌收购 Jetpac，这家公司开发了一款应用程序，通过分析共享的 Instagram 照片，推荐出行目的地。推荐范围包括女性经常去的酒吧或是优美风景点等。Jetpac 员工将加入 Google Knowledge 团队，该团队的目的是，把对现实世界更复杂的认识纳入搜索结果。公司被收购后一个月，Jetpac 的应用程序在苹果 App Store 下架。

Ⅱ型：购买产品适合、人才也适合的公司

“单纯为人才（比如说进行 Ruby 编程）而收购公司的日子

已经过去了。如今还需要适合的产品。"[5]虽然稍微有点言过其实，但雅格·穆林斯（Jacob Mullins，他是旧金山 Exitround 公司的 CEO，该公司为科技公司的买卖提供交易平台）这句话贴切地描述了Ⅱ型购聘。这种类型的购聘，更符合"收购，同时招聘"的真正含义。

这种类型的交易非常多，图 13.7 的信息图给出了大量例子（这一类型太流行了，我们可以轻松地生成一幅交易多得密密麻麻、完全看不清具体公司的图!）。

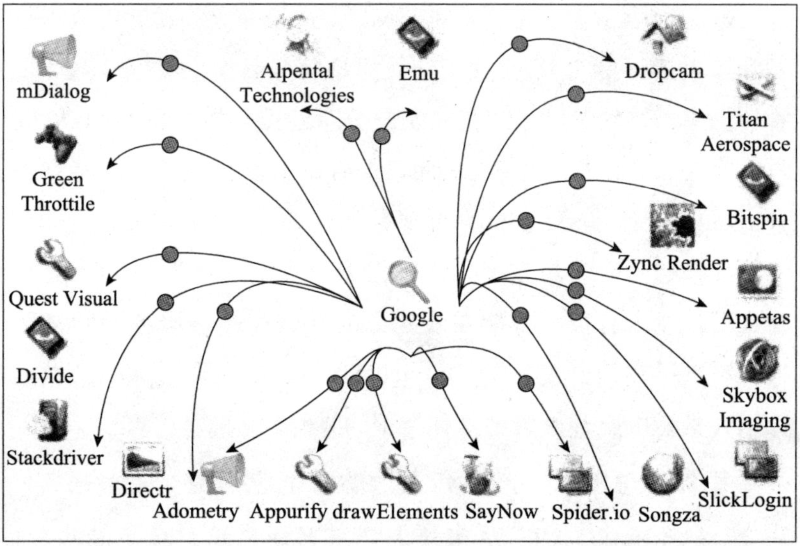

图 13.7　Ⅱ型购聘

为了让读者大概感受一下Ⅱ型，我们在这里介绍 2014 年的 3 桩此类交易（我们已经在图 13.7 里看到了其他背景下的同类交易）：

- 2014 年 6 月，谷歌收购 mDialog，该公司开发能让大型媒体公司在一系列电子设备上管理、递送视频广告的技术。短期内，mDialog 会继续提供其服务。不过，谷歌有意最终将该公司的技术融入 DoubleClick。

- 同样是在 2014 年 6 月，谷歌收购 Alpental，该公司致力于使用 60GHz 频段提供廉价、高速无线上网服务。谷歌有可能会把 Alpental 的技术作为 Loon 项目的一部分，用于在偏远地区提供快速互联网接入服务（谷歌希望通过高空气球实现互联网接入）。

- 2014 年 8 月，谷歌收购 EMU，这是一家移动即时应用开发商，包括了能分析对话、自动安排每日任务（如安排会晤、管理提醒、预约餐厅，或是和朋友分享地点位置）的虚拟助理。收购完成后，EMU 本身会关闭，但谷歌可能会利用它的特点提升 Hangout 和 Google Now 等现有服务。

Ⅱ型购聘努力将技术与人才融合在半有机生长中，在交易结束后，技术有很大可能在收购方的某些产品与服务中延续下去。谷歌早在创办之初的 Applied Semantics（第二章中已做过介绍）交易中就开始借助这种类型的收购。

Ⅲ型：对技术、产品和人才的大型收购

虽然购聘这个词一般可让人联想到规模相对较小的收购，但有一种购聘涉及已获市场广泛接受的技术、产品和人才的大型交易。我们将这一类型称为Ⅲ型购聘。

读者们应该对图 13.8 所列出的公司很熟悉了，因为前面的章节多次讨论过它们。再次提到这些交易，是为了对Ⅲ型购聘进行说明。

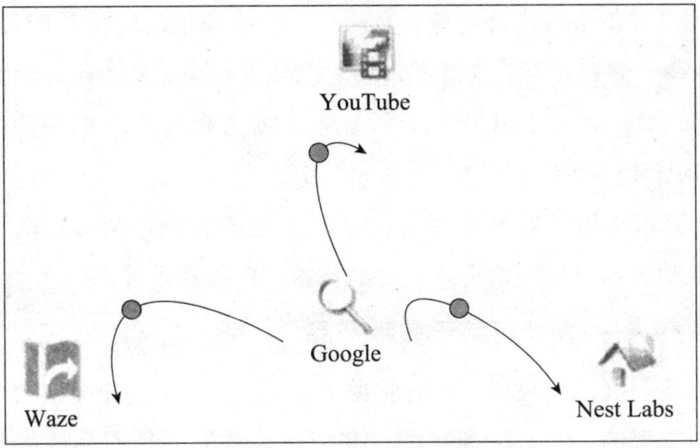

图 13.8 Ⅲ型购聘

● 谷歌用 16.5 亿美元购买视频共享网站 YouTube，不仅留下了其联合创办人查德·赫利和陈士骏这样的人才，还留下了谷歌无法与之有效竞争的技术、品牌和服务。

● 谷歌斥资 9.66 亿美元收购众包导航公司 Waze，不光扩大了谷歌地图的覆盖范围，也增加了消费者参与的新维度。交易中有重要相关条款允许 Waze 继续独立运营 3 年，Waze 的员工也不需要离开以色列。这一桩重大交易中同样包括了技术、产品和人才。

● 谷歌用 32 亿美元购买智能家居设备公司 Nest Labs，获得了物联网消费电子产品领域的顶尖销售商。谷歌还获得了 Nest CEO 托尼·法戴尔的效力，他也是苹果的前高管，在 iPod 开发中出力良多。法戴尔将继续经营 Nest，直接向拉里·佩奇汇报工作。

这三桩交易里有两桩（YouTube 和 Nest），谷歌依靠它们实现了在新生（或是自身努力打拼）的市场上取得优势的目的。就 Waze 而言，谷歌在地图市场上收获了一项有着上千万用户的服务。而且，在地图市场，谷歌本来就占据着不小的份额，它急于提升社会参与度。

这些收购，对谷歌而言都属于大规模收购，全都包括了能为推动公司发展提供重要途径的技术、产品和人才。

IV 型：人才可用于多种产品

我们确认的最后一种购聘类型是 IV 型。在这种类型的交易中，获得的人才是最顶级的，有望对谷歌的多种产品或服务发挥重大影响。让我们对 IV 型交易（见图 13.9）稍微举两个例子。

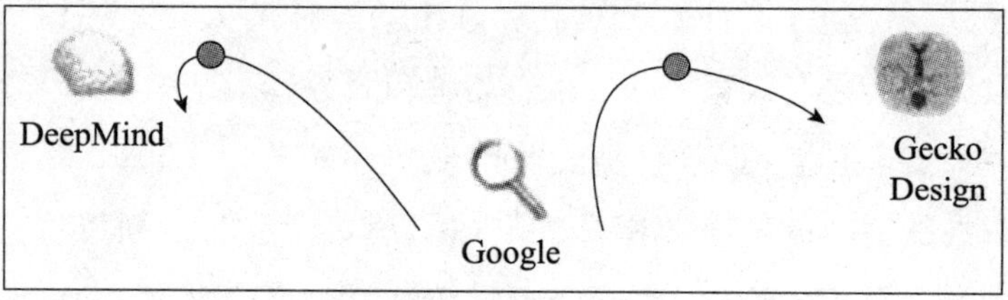

图 13.9　Ⅳ型购聘

- 如前所述，2014 年谷歌收购 DeepMind 获得了近 50 人的人工智能团队，包括深度学习领域的顶尖思想家。DeepMind 的团队可以参与谷歌的大量商业举措，改善 Google Now 搜索，为机器人和无人驾驶汽车开发关键部件。

- 2014 年，谷歌收购 Gecko Design，得到了一支比 DeepMind 规模小得多的团队。Gecko 团队由雅克·加涅（总裁）和其他 4 名员工组成。然而，Gecko 是一家机械工程和产品设计公司，在开发消费电子产品方面技能出众，可以放到谷歌旗下一系列前沿举措中，如谷歌眼镜，模块化智能手机等。

Ⅳ型购聘的本质特点是，交易所得的人才有着广泛深远的潜在产品影响力。

谷歌并购兄弟会

把自己的公司卖给谷歌（多见于购聘型交易）之后，那些创办人后来怎么样了呢？他们是会按照或有对价条款的规定待上一段时间才离开，还是走得早于预期？又或者，交易的留任奖金相关时间段过了之后，他们仍然留在谷歌？

如你所料，上述所有答案都对。但考虑到人才收购是购聘的重要方面，我们抽选了 16 位把自己的公司卖给谷歌的创办人/企业家的例子，探索一下他们在交易结束后的生活中发生了什么样的故事。虽然我们的分析仅限于这 16 桩收购，但是我们还对这些收购相关的关键人才在收购后的职业活动做了一番概括。

让我们简要地介绍一下图 13.10 中 16 家公司相关创办人的收购后人生。我们从 Pyra Labs 开始，以顺时针方向，按照年份的推移逐一介绍。

2003 年

- 谷歌收购 Pyra Labs，它开发了 Blogger，这是推动博客早期发展的一项网络服务。Pyra 的首席执行官埃文·威廉姆斯和 6 名员工分配到了一支既存的谷歌工程团队。2004 年 10 月，

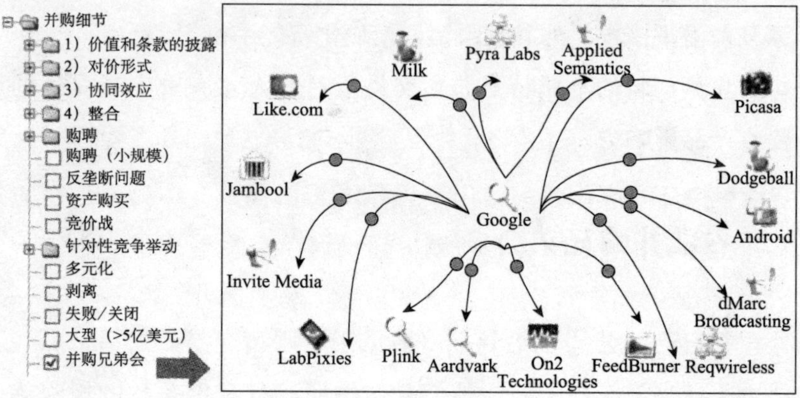

图 13.10　谷歌并购兄弟会

威廉姆斯离开谷歌。2007 年，他与人合作创办了 Twitter 的独立版（此前 Twitter 是和其他资产捆绑在一起的），为之提供了相当部分的早期资金，并担任了公司的第一任董事长。2012 年，威廉姆斯又和人共同创办了社交新闻平台 Medium，人们可以分享超过 140 个字符的想法和故事。2014 年，谷歌风投部门参与了 Medium 的 2 500 万美元融资。

● 我们在第二章详细讨论过，谷歌收购了开发语义文本处理和在线广告技术的 Applied Semantics。2003 年到 2007 年间，Applied Semantics 的联合创办人吉尔・埃尔巴兹在谷歌担任工程总监。2007 年，埃尔巴兹创办了 Factual，这是一个定位平台，能依靠全球数据增强手机位置信号，得到个性化移动体验。Factual 的 Global Places 数据覆盖了 50 个国家近 7 500 万个地方企业和兴趣点。

2004 年

● 谷歌收购 Picasa，用户可通过它在网上组织、编辑、分享数码照片。Picasa 的创办人拉斯·帕金斯（Lars Perkins）加盟谷歌，待到了 2006 年。2011 年，帕金斯创办 Relive，这是一款智能照片分享应用程序，用户可私下分享照片。Relive 让分享婚礼、会议、生日聚会和假期等活动照片变得更容易。你可以邀请人们参加活动，或是分享来自该活动的照片。等参与者到达活动现场，打开手机应用，分享就自动开始。

2005 年

● 谷歌收购 Dodgeball，该技术可允许人们在 10 个街区的半径内向选中的朋友或朋友的朋友发送短信。创办这项服务的是丹尼斯·克罗利，瞄准的是希望方便快捷地在当地酒吧或其他场所组织会面的用户。2007 年，克罗利因为觉得 Dodgeball 被忽视，离开了谷歌；两年后的 2009 年，他和人共同创办了 Foursquare。Foursquare 跟 Dodgeball 类似，但增加了改进的移动 Web 用户界面。一些分析师认为，Foursquare 有望成为安卓的核心组成部分，其技术可在谷歌内部继续发展。

● 谷歌收购安卓，这是现在已经无处不在的手机操作系统。安卓开发中的关键人物安迪·鲁宾加入了这个团队。到 2014 年，全球有数十亿台智能手机和平板电脑搭载安卓系统。2013 年，鲁宾仍然受聘于谷歌，负责公司的机器人事业部。2014 年，谷歌宣布鲁宾将离开公司，针对技术硬件产品创办孵化器。

2006 年

● 谷歌买下 dMarc Broadcasting，试图进军电台广告行业。

一如第八章中所述，收购进展不顺利。2007 年，交易结束后仅仅一年多，dMarc 的创办人查德·斯蒂尔伯格和瑞安·斯蒂尔伯格就因和谷歌在电台广告流程应该达到什么样的自动化程度方面发生重大冲突，离开了谷歌。同样是在 2007 年，斯蒂尔伯格兄弟创办了 Brand Affinity Technologies，聚焦于体育赛事的参与和货币化，为爱好者提供娱乐。

● 谷歌收购 Reqwireless（2006 年宣布），该公司为无线设备开发网页浏览器和富文本电子邮件软件。Reqwireless 的创办人罗杰·斯库布维斯（Roger Skubowius）管理谷歌设在滑铁卢地区的工程办公室大约 3 年后，离开了谷歌。2010 年，斯库布维斯创办了 Picowireless，为内容出版商开发移动软件。

2007 年

● 谷歌收购博客及其他媒体网站 RSS 联合内容输出商 Feed Burner。FeedBurner 的团队立刻转入谷歌，FeedBurner 不再独立运营。迪克·科斯特洛（FeedBurner 的首席执行官）担任了谷歌 Ads 团队的产品经理。2009 年，科斯特洛离开谷歌，两个月后加入 Twitter 担任首席运营官，最终还当上了首席执行官。

2009 年

● 谷歌收购视频压缩软件及相关视频服务开发商 On2 Technologies。2010 年，On2 的前首席执行官马特·弗罗斯特成为了谷歌 Chrome 媒体团队的战略及合作关系部门负责人。

2010 年

● 谷歌收购社交搜索服务 Aardvark，允许用户向自己社交网络里的人提问、寻找信息。2013 年，马克斯·文迪拉（Aardvark的创办人之一）离开谷歌，创办了 AltSchool，这家学校根据孩子的具体需求来展开学习，而不是按照标准化考试结果推进固定的课程。

● 谷歌收购 Plink，该公司开发了一套图形引擎，可识别画作和其他的可视对象。Plink 的创办人马克·康明斯和詹姆斯·菲尔宾，双双加盟了谷歌的 Google Goggles 项目，开发利用 PlinkArt 部分功能的移动搜索应用。从 2010 年 4 月到 2013 年 5 月，Plink 的联合创办人马克·康明斯（牛津大学博士），都以软件工程师身份在谷歌针对 Goggles、Translate、Drive 和 Google+等产品攻坚计算机视觉问题。2014 年，康明斯着手创办一家新的公司。

● 谷歌收购移动应用（如日历、待办事项、新闻聚合、游戏和娱乐等）发布商 LabPixies。LabPixies 团队加入了 iGoogle 团队，在谷歌的以色列研发中心外部运营。2013 年，LabPixies 的 3 名创办人（包括前 CEO 朗·本-亚尔）离开谷歌，建立了移动定位广告平台 ubimo。

● 谷歌收购 Invite Media，该公司经营着广告展牌市场的需求方媒体采购平台。2012 年，Invite 的联合创办人纳特·特纳和扎克·温伯格离开谷歌，创办了一家医疗保健公司。特纳承认，他对广告技术的热情，不如对医疗保健高。2013 年，特纳的新公司 Flatiron Health 筹集了 800 万美元的风险投资，谷歌风投也参与了进来。Flatiron 为肿瘤提供大数据分析服务。Flatiron 的目标是，提高不能参加临床试验的 96%的癌症患者的数据质量。

● 谷歌从维卡斯·古普塔（Vikas Gupta）和雷萨·侯赛因（Reza Hussein）手里收购了Jambool。Jambool提供了一套支付API，可方便网络游戏或社交网络应用进行小额支付。2012年，维卡斯·古普塔成为Play-I的联合创办人，该公司设计教育幼儿编程的玩具机器人。2013年，Play-I（后改名为Wonder Workshop）进行种子轮融资，得到了包括谷歌风投在内的投资者的支持。

● 谷歌收购服装和消费品可视化搜索网站Like.com。2011年，Like的联合创办人穆贾尔·沙赫（Munjal Shah）离开谷歌。2013年，沙赫与人共同创办了HealthEquity Labs，认为改善世界健康的最佳途径不是关注不健康人士，而是鼓励那些照管好自己健康的人。

2012年

● 谷歌收购Milk，这是Digg创办人凯文·罗斯（Kevin Rose）建立的移动应用孵化器。谷歌购聘了罗斯（如前所述的购聘I型）以及Milk的产品开发团队成员，据称他们将着手与Google+相关的项目。不过，收购后只过了几个月，罗斯就成为了谷歌风投（这是谷歌的企业风险投资部门）的普通合伙人。2014年，罗斯推掉了在谷歌风投的大部分职责，开办了North Technologies。

并购兄弟会要点总结

我们分析了截至2014年这16名接受谷歌收购的企业家，可以得出如下观点：

1. 这些企业家的69%（16人中的11个），收购后继续在谷歌待了两三年。19%的人待了3年以上，还有12%的人不到两年就离开了。毫无疑问，与收购相关的留任奖金（参见第十一章）是导致这一结果（大多数人留任两三年）的因素之一。

2. 只有一名企业家（马特·弗罗斯特）迟至2014年仍留在谷歌从事全职工作，安迪·鲁宾则在就职10年（在职时间最长）后离开。

3. 兄弟会中有很大比例（88%，16人中的14个）离开谷歌之后创办了新企业。另一名兄弟会成员（迪克·科斯特洛）后来成为Twitter的CEO，虽然他并非创始人。

4. 这些新办的创业公司虽然有许多跟谷歌传统的核心市场高度相关，但也有相当多的创业是在其他领域，比如医疗保健/医疗科技，教育/教育—技术等。

5. 谷歌风投（谷歌的企业风险投资部门）投资了一批由谷歌兄弟会创办的新企业。

我们本可以把其他著名的并购兄弟也囊括进来，不光是前面讨论的这16位。[比如麦克·卡西迪（Mike Cassidy），和他人共同创办了与旅游相关的Ruba，2010年接受了谷歌的购聘，后来担任了谷歌Loon项目（氢气球偏远地区互联网接入项目）的负责人。] 但上面这16位足以说明谷歌并购兄弟会网络的活力了。

正如LinkedIn前首席执行官雷德·霍夫曼（Reid Hoffman）和其他作者一起所写的：“如果一名宝贵的员工告诉你他要离开，你应该做的第一件事是努力改变他的想法。如果不成，就祝贺他新的工作顺利，欢迎他加入你的公司兄弟会网络。”[6]

谷歌似乎跟霍夫曼和麦肯锡有着同样的理念，麦肯锡这家著名的咨询公司，也以精心建立自家兄弟会人际网知名。虽然所有的收购后关系不见得都能保持融洽，但相当高比例的企业家似乎都在离开之后，有意与谷歌保持友好的职业关系。谷歌意识到，充满活力的谷歌兄弟会人际网或许能在未来带来半有机发展的机会，因此投桃报李，表示欢迎。

Chapter 14

第十四章

竞争性交易集群和生态系统的协同效应

2014年8月，流行电子竞技流媒体网站Twitch宣布，它接受了亚马逊的收购。交易价是9.7亿美元现金，为亚马逊史上最大。本次交易出乎许多分析师和记者的意外。在此之前的几个月，众多媒体人士，包括《综艺》（*Variety*）都报告说，“钩上”Twitch的是谷歌。

Twitch交易强化了一种观点：亚马逊和谷歌之间竞争的激烈程度会迈上新台阶。在包括数码设备、机器人技术、视频流、云计算，以及最重要的数字广告和网络电子商务等领域，这两家公司似乎都在走向直接的冲突。

本章中，我们将揭示，怎样通过观察竞争性并购交易集群，更好地理解谷歌/亚马逊的市场控制之战。

接下来，我们会继续研究生态系统协同效应的概念怎样巩固竞争地位。凭借生态系统协同效应，不光收购方的核心业务，连收购来的技术之间也出现半有机生长。从这个意义上说，这是二阶协同效应。我们会看到谷歌的一些收购怎样达到这一更高层次的协同效应。

竞争力集群：谷歌与亚马逊

在第三章中，我们用谷歌和苹果介绍了双头并购潮，也就是两家公司参与了一系列针锋相对的并购交易。本节中，我们扩展了双头并购潮的概念，说明一家公司怎样运用收购来支持自己的生态系统，提高公司针对特定竞争对手的优势。

我们将考察亚马逊和谷歌在 2012 年到 2014 年间所进行的收购，探讨这些交易怎样着力建设可控竞争生态系统。从集群的角度考察这些收购，可看出每一家公司是在进攻，还是针对竞争对手巩固防守。

亚马逊针对谷歌的抢位收购集群

图 14.1 列出了 2012 年到 2014 年间亚马逊所做的一些收购，从整体上看，可视为（至少部分地）针对谷歌采取的防守。请注意，我们选择了数据库的 3 个维度来生成这一信息图：（1）针对性竞争举动；（2）关键公司；（3）日期。我们从 Peritor 开始介绍，并按顺时针方向移动。

- Peritor（云服务）。2012 年 1 月，亚马逊收购 Peritor，这是一家 IT 咨询公司，开发了以网页为基础的云管理平台 Scalarium。该平台能自动化服务器配置，初始化应用程序设置。2013 年，亚马逊网络服务（AWS）加入了 Ops Works。该产品以 Peritor 为基础，可让 AWS 用户更方便地配置、管理应用程序，无需使用自定义工具。

- Kiva Systems（机器人）。2012 年 3 月，亚马逊签署了收

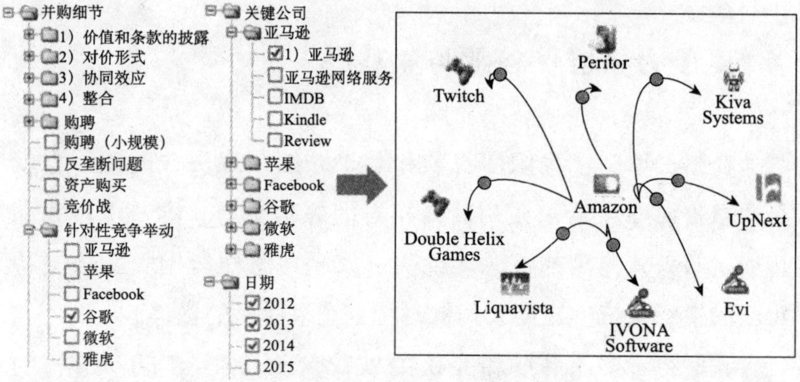

图 14.1　亚马逊针对谷歌的抢位收购集群

购 Kiva Systems 的最终协议。Kiva 开发的机器人技术，可执行仓储任务。该公司提供了一套移动—机器人仓库自动化系统：该订单履行解决方案，可用于库存控制、提前补货、挑选、包装、运输分类、整理和质量控制。亚马逊之前收购的两家公司，采用了 Kiva 的机器人：Zappos. com（鞋）和 Diapers. com（婴幼儿用品）。Kiva 的机器人可以定位客户订单中的项目，在仓库里挪动产品，还能帮忙把包装盒放到装卸码头。Kiva 的收购价为 6.78 亿美元，为亚马逊收购史上规模第二大，仅次于 2009 年购买 Zappos 的价格。（2014 年收购 Twitch，将超过这两桩交易。）Kiva 宣布消息后，亚马逊的股价上涨了 4%左右。

● UpNext（3D 测绘）。2012 年 7 月，亚马逊收购 UpNext，该公司研发的手机 3D 地图应用程序覆盖了超过 50 个城市，包括纽约、芝加哥、波士顿、华盛顿特区、奥斯汀、旧金山、费城和波特兰。公司的应用程序可提供地铁线路、实时反馈和地点信息，方便用户在现实和虚拟中探索城市。UpNext 使用基于矢量的 3D 图像，重新创建虚拟建筑物，相比之下，谷歌地图服务采用的是建立在照片基础上的技术。

● Evi（语言识别/搜索）。2012 年 11 月，亚马逊收购了 Evi 搜索应用程序，该程序可用于苹果的 iOS 和谷歌的安卓。Evi 可响应语音和文本查询，用简单的英语说出答案。用户还可以安排日程、拨打电话、发送短信和电子邮件。Evi 应用程序在概念和范围上，都跟苹果 Siri 语音助手和 Google Now 技术类似。

● IVONA（语言处理）。2013 年 1 月，亚马逊收购 IVONA Software，该公司开发文本到语音、语音命令技术，用于手机和其他设备的交互界面。通过此次收购，亚马逊释放出信号，有意超越低端硬件，针对苹果 iPad 和较高端的安卓平板电脑展开竞争。

● Liquavista（移动显示）。2013 年 5 月，亚马逊从三星电子手里收购了 Liquavista，以支持开发用于移动设备的全新显示器。Liquavista 公司开发的彩色电子纸视频屏幕，借助电润湿技术，不管有无背光，都可工作。

● Double Helix Games（游戏开发商）。2014 年 2 月，亚马逊收购了 Double Helix Games，这家游戏工作室成立于 2007 年，经 The Collective 和 Shiny Entertainment 合并而来。该公司为游戏机和电脑开发大规模动作游戏。几个月后，亚马逊推出了机顶盒 Fire TV，既可用来浏览流媒体，也可支持游戏（需外加游戏控制器）。

● Twitch（游戏流媒体）。正如本章开篇所述，2014 年 8 月，亚马逊收购 Twitch。Twitch 是一家非常流行的电子竞技流媒体网站。该网站为玩家提供举办直播游戏策略会议的功能，个人玩家可向有意学习、讨论游戏策略的关注者直播自己的游戏比赛。该网站培养了一种新型“运动员”：游戏界的超级巨星。这桩收购价 9.7 亿美元的交易，成为亚马逊历史上规模最大的收购。坊间流言暗示，谷歌本来很快就要收购 Twitch。不过，包括《福布斯》在内的消息来源报告说，谷歌也担心有可能碰上反垄断障碍。显然，谷歌和 Twitch 未能就反向分手费（如果交易未能通过监管机构审核）达成一致。Twitch 声称有超过5 500万的独立用户，每月有上百万会员上传视频。亚马逊收购 Twitch 可获得参与度高的用户，亚马逊的广告收入（包括游戏内置广告）有明显提高。Twitch 是美国流量第 4 高的网站。

虽然亚马逊正借助并购来帮忙建立生态系统，在从地图测绘到机器人等一系列前沿阵地与谷歌展开竞争，Twitch 交易或许是最接近谷歌业务核心的一记重拳。亚马逊因低利润而声名狼藉，早就在垂涎通过游戏内置视频流来获得高利润的数字广告收入。谷歌/YouTube 也在觊觎同一收入，可惜在这次追求中遭受挫折。

谷歌针对亚马逊的抢位收购集群

亚马逊构建竞争性收购集群的同一时间，谷歌也在紧锣密鼓地做着同样的事。图 14.2 显示了谷歌 2012 年到 2014 年的部分收购集群，至少有部分可视为针对亚马逊的抢位举动。既然我们在前面的章节已经讨论了不少此类收购，这里，我们只提供相关收购的高层次信息。

- Zync Render、Talaria 和 Stackdriver（云服务）。Zync

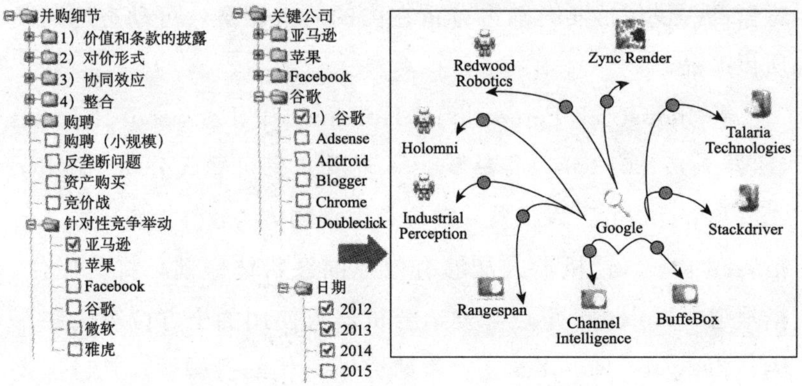

图 14.2　谷歌针对亚马逊的抢位收购集群

Render 将整合到 Google Cloud 平台，为电影制片厂提供按分钟计费的服务。Talaria 则使得谷歌增强了其云技术，让开发人员能“用更少的方框处理更多的用户，无须更改一行代码”。Stackdriver 的技术能帮助开发人员在云端控制应用程序和服务。这三宗交易将共同合作，提高谷歌对亚马逊网络服务的竞争定位。

- BufferBox、Channel Intelligence 和 Rangespan（电子商务）。2012 年到 2014 年间，谷歌收购了这三家电子商务公司。BufferBox 在加拿大把从电商购买的产品配送到杂货实体贩卖亭和便利店。BufferBox 的服务类似于亚马逊储物柜。Channel Intelligence 帮助零售商在比较购物网站上管理产品清单，让客户在不同的网站上推广其产品。大约 1/3 的购物者都从亚马逊开始搜索，相比之下，从搜索引擎开始的只有 13%。谷歌希望 Channel Intelligence 有助于改变这些统计数字。Rangespan 是由两位亚马逊前高管创办的英国购物零售商。它向特易购等大型零售商提供包括实时动态分析在内的后台服务，可动态地判断所供产品。

● Industrial Perception、Holomni 和 Redwood Robotics（机器人）。2013 年，谷歌购买了至少 8 家机器人公司。Industrial Perception 开发机器人定位和识别物体的软件。应用场景包括装卸卡车，让机器人能够有效地前往物体跟前，将其抓住。据报道，Holomni 重点开发适合机器人使用的全方位车轮和车辆。Redwood Robotics 正着手研究新一代的机械臂，其目标是借助机器人“减少枯燥、重复任务的压力”。Redwood Robotics、Holomni 和 Industrial Perception（以及其他机器人交易）有望一同合作，为 Google 的 Express（当地商铺在线采购，当天就配送到达）做出贡献，在物品选择、配送，以及谷歌在电子商务其他领域的活动出力。

谷歌和亚马逊似乎在数字广告和电子商务的岔路口上碰头了。谷歌是数字广告之王，而亚马逊则占据了电子商务的宝座。一提到特定的购买需求，这两家公司都会从你的脑袋里首先冒出来。

谷歌希望你会使用其搜索引擎满足需求，好为你展示相关的付费广告。而亚马逊的网站和移动应用程序，只要轻松点击一两下，就可以轻松地寻找、购买和收到产品。现在，亚马逊希望在高利润率的产品广告收入中分到更大的一杯羹。两家公司都在构建并购交易集群，努力让自己在方方面面占上风。

生态系统的协同效应

在第一章和第二章，我们强调，协同分析是并购战略、评估和整合的一个重要必备因素。协同效应包括两个或多个主体相互作用，使其组合效果大于它们各自效果之和。企业战略经常性地夸大交易带来的协同效应。有趣的是，我们看到，在并购中使用“协同”这个词，或许是来自爱尔兰咖啡——这是一种热咖啡、爱尔兰威士忌和红糖的混合饮料，再盖上厚厚的奶油。

我们已经看到，谷歌的交易，一般会预测收入协同效应是出现在不久的将来，还是较长远的将来。这种预计收入协同效应，大部分涉及创造新产品或服务，要不就是将现有产品/服务扩展到更大的市场范围。

我们注意到，谷歌和它的目标公司之间的互补性，是刺激半有机生长的关键。虽然相似性对实现以效率有基础的协同效用或许有益，互补性却跟增强型协同效应联系得更为紧密。

生态系统的协同效应把互补性提升到一个新的层面。我们将使用谷歌作为案例研究，理解这种二阶协同，由此半有机生长能够扩展公司的核心，使之与收购的其他公司展开互动。

谷歌的经济师哈尔·瓦里安（Hal Varian）认为，组合式创新是当前时代的特征，也就是互联网组件（主要是比特形式）混合起来刺激发明。这个概念可以扩展到并购交易获得的人才与技术上。把经过深思熟虑选择的目标对象混合起来，能触发创新，提高获得成功结果的概率。当然，这需要选择恰当的整合战略（见第十二章），并在热情好客的组织文化中执行该战略。

生态系统的崛起

产品和服务日益复杂，日益相互关联，这要求包括技术、应用和内容在内的所有组成部分（外加设计能力）全都要朝着多样化的方向不断发展。所有必要的组成部分都来自同一家组织的情况极为罕见。组织不再在相对隔离的环境下运营，而必须愿意，也能够在组织边界之外运营，影响或控制必要的组成部分，以求完成产品拼图。

总之，企业必须设计和执行自己的组织生态系统。这可能涉及构架影响“能够快速灵活重新配置的企业间活动和相互作用”[1]。又或者，控制能导致一系列持续收购的活动，以求收购旨在改进或创造新颖产品与服务的必要组成部分。

在以上两种情况下，相关知识、能力和知识产权都可能分散在诸多竞争对手之间，故此，生态系统思想已成为现代企业战略不可或缺的一环。

生态设计的两个关键问题

尽管设计企业的生态系统有许多必须考虑的问题，但对我们的目的而言，这里只把重点放在两个问题上。

首先，一家公司打算在构建生态系统时施加多大的影响力或控制力？影响意味着强调合伙关系或少数股权投资安排，而控制则意味着收购或多数股权。

成功的生态系统必须同时运用上述两种方式来建设。事实上，生态系统可以将影响和控制结合起来。例如，2014 年，谷歌安卓系统的联盟，既包括三星、联想等手机合作伙伴，博通、高通等半导体公司，Sprint 和 T-Mobile 等移动运营商，还有数以万计的独立移动应用开发商。然而，如前所见（参见图 7.2），谷歌还收购了多家公司以帮忙补充这一生态系统。

第二个关键问题涉及生态系统中的一家领先公司创造的价值，是否多于它攫取的价值。价值在生态系统中是否得到了公平的分享，以维系系统的长期存在？

从 2003 年开始，苹果和环球音乐、索尼等主要的音乐公司合作，为 iPod/iTunes 建立了基于影响力的数字音乐生态系统，无疑也为自己创造了巨大的价值。但在这个进程中，苹果是否为自己的合作伙伴创造了足够的价值，还很难说清楚。10 年后，随着音乐产业的变动，苹果又手忙脚乱地收购了 Beats 等公司，对自己重新定位。此外，在大量的媒体公司看来，苹果公司尝试延续自己在数字音乐领域的控制力，并将之扩大到数字视频领域，其心态就像是鸡笼里的狐狸。

另一方面，如果一家公司（比如谷歌）希望建立一个基本上以控制为基础的生态系统，那么，长期而言，就必须设计出能够公平分享收购所创造的潜在价值的机制。我们在第十一章中讨论过这一主题的某些重要方面。

生态系统的战略方针

不同公司的生态设计不一样，甚至在同一家公司内部，生态设计也有所不同。这里举几个例子，以求说明建立在影响与控制层面上的生态系统有什么不同。

苹果的 App Store：分享收入 虽然苹果一贯在硬件设计上采用高度集成（控制）的方式，但该公司在应用程序商店里为开发商建立了一套基于影响力的生态系统。App Store 是为 iPhone、iPad 等 iOS 设备提供应用程序的数字集散中心。通常情况下，开发商获得程序收入的 70%，其余 30%归苹果。

2008 年，苹果推出 App Store，最开始只是 iTunes 的扩展，到 2014 年，已发展到包含近 150 万种应用程序，总下载量接近 1 000亿次。2013 年，苹果公司的客户们在该商店花掉了 100 多亿美元。App Store 被视为苹果移动智能手机和平板电脑产品的重要延伸，可谓历史上最成功的一套基于影响力的生态系统。

英特尔投资：少数股权投资 1996 年，安迪·格鲁夫（Andy Grove，英特尔前任 CEO）在《只有偏执狂才能生存》（*Only the Paranoid Survive*）一书中强调了“互补型伙伴的动力、活力和竞争力”。格鲁夫认为，互补型伙伴就是“福祉依赖于你的活动”的公司，又或是有着共同利益的“同路人”。[2]

从历史上看，微软和英特尔一直是超级互补型伙伴。10 多年来，英特尔和微软都是螺旋向上（格鲁夫的形容）的合作伙伴，两家公司各自把持螺旋的一端，共同努力推动收入增长。微软发布“更肥”的办公软件，需要“更快”的英特尔处理器，这就会带来更更肥的办公应用，以此类推。这一双寡头生态系统，推动了永不消停的销售周期。

随着这一生态系统逐渐丧失活力，英特尔的互补性视野扩大，该公司于 1996 年开始推行一套企业少数股权投资计划。英特尔要跳出二元互补的局限，对多家公司进行企业风险投资，刺激自己核心产品的发展。

本着这一思想，英特尔成立了投资部门，到 2014 年，这一企业风险投资部门进行了大约1 400笔投资，投资金额超过 110 亿美元。除了产生经济回报，多年来的这些交易都有意在从 Wi-Fi 芯片到数字媒体再到物联网等多个市场，构建起以英特尔为核心的战略生态系统。

与苹果不同，英特尔建设生态系统的影响力推动机制不是收入分成，而是采用企业风险投资形式的发展资本。

谷歌：以并购为动力的生态系统 虽然生态系统这个词一般很少跟并购活动集群挂钩，但这么做其实挺合适。如果收购的目标公司不光跟收购方存在协同效应，而且收购的目标公司彼此之间也存在协同效应，那么就会产生生态并购的协同效应。让我们来看看下面这个例子。谷歌进行了一系列与广告相关的收购，帮助公司覆盖广告行业的整个价值链。Invite Media、DoubleClick 和 Admeld 就属于这一批收购，见图 14.3。

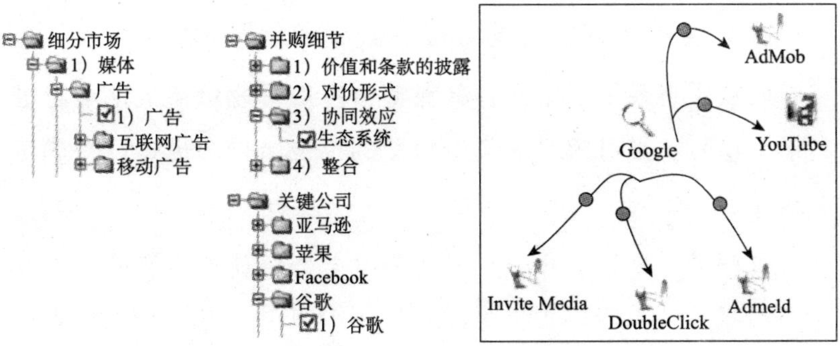

图 14.3 广告行业的并购生态系统协同效应

2008 年，谷歌抵挡住了来自微软等公司的反对，并获得了美国联邦贸易委员会的批准，收购 DoubleClick。DoubleClick 是买卖广告的实时交易市场，为广告机构、营销人员和网络出版商提供支持营销活动的服务及产品。接着，2010 年，谷歌收购 Invite Media，该公司运营了一个媒体采购平台，为展示广告的采购人员提供优化技术。最后，2011 年，谷歌收购 Admeld，该公司为在线出版商（在线广告空间的供应商）开发广告优化技术。

在数字世界中，广告通常从广告客户出发，经广告机构通过需方平台（Invite Media），再来到广告交换平台（DoubleClick），后者也跟供方平台（Admeld）存在互动。最终，经过 YouTube 或 AdMob（这又是一桩为谷歌带来最大移动广告网络的收购），广告到达客户。

谷歌的广告公司并购集群是生态系统协同效应的一个鲜活例子——收购的目标公司不光跟收购方初始核心有着协同效应，彼此也存在协同效应。

并购生态系统的协同效应：介绍和示例

收购生态系统（比如谷歌在整个广告行业价值链上下游进行的交易）不光可视为对竞争对手的抢位集群，也可以看成是在公司内部生成了二阶协同效应。

一如第一章中的讨论，协同效应涉及这样一个概念：结合起来的企业价值超过了单个企业价值的总和。人们认为，来自收购方应用卓越的分销能力，交叉销售公司产品，有效地整合产业价值链，或是创造出一种增强甚至全新的产品或服务等环节的收入协同效应是提升最明显的。有可能出现的收入协同效应多种多样。有时，这种协同效应是真实存在的；但很多时候，它们来自人们过分乐观的想象。

协同效应可用以下不等式来表示：V（$A+T$）$>$ V（A）$+$ V（T），其中，V（A）是收购方的价值，V（T）则是收购目标的价值。

但对生态系统协同效应而言，我们还应考虑并购协同效应额外还有什么样的维度。研究结果表明，战略并购项目中最初发起系列收购，其目的是要为买家创造价值。[3]要实现生态系统协同效应的时候尤其如此。

收购目标彼此之间存在协同效应的时候，才会出现生态系统协同效应。换句话说，V（$A+T_1+T_2$）$>$ V（$A+T_1$）$+$ V（$A+T_2$），其中 A 代表收购方，T_1 和 T_2 代表彼此之间存在协同效应的不同目标公司。

现在，我们选择谷歌的两组收购，来看看生态系统协同效应的另外两个例子。有一个例子的生态系统协同效应已经实现。另一个例子是高度投机性的。我们先从登月行动说起。

能源流通及应用：Makani 和 Nest　2013 年，谷歌收购 Makani Power（空中风力涡轮机），2014 年又收购 Nest（支持 Wi-Fi、可进行自我学习的智能家居设备）。Nest 和 Makani 交易有可能在 3 个层面上彼此互动[4]：

1. 物联网。Makani 和 Nest 之间的潜在协同效应，有可能来自物联网的实现，也就是互联网延伸到实体世界，支持日常设备、系统和服务。无处不在的计算和传感器技术促成了连接和学习，利用以实时数据为焦点的框架，与各种“事物”在受控环境下互动。应用范围包括城市规划、环境检测、应急响应、智能产品管理和家庭自动化。在谷歌的物联网宏图下，Makani的发电涡轮和Nest的种种家庭自动设备，能够成为物联网的两个“智能”节点。

2. 技术互补。Nest可以在如下关键领域，为Makani所面临的巨大挑战提供洞见：

- 获得许可，使用无标识、无照明的绳索放飞升空
- 观察是否有任何电线杆的妨碍
- 无法在恶劣条件下飞行

Nest能帮上忙，是因为它可提供先进的传感器技术和机器学习。空中风力涡轮机可以成为智能设备，可识别物体、避免飞禽送命、有能力根据环境条件做出反应。这将有助于应对监管约束，解决与升空绳索相关的风险（这是应用Makani技术的一个重大瓶颈）。它还可以降低意外事件损毁概率，减少维护成本。

3. 能源流通。在能源生态系统中，谷歌可以同时定位在供方和需方。Makani实验跟能源生产相关。这一方法带来的电力、简单和可扩展性，是在尝试将能源生产从一个资源/资本密集型过程，变成一种以软件为驱动的灵活模块化技术。

Nest涉及潜在的能源节约，包括Nest Energy Services，它能在繁忙时段控制耗电量，帮助家庭节约电费。Nest将促成以需求为基础的能源生产，在个别家庭和联网的智能电网（可以是原来的电网，也可以是新型电网，比如来自Makani Power）之间实现高效能源流通。

视频广告：Applied Semantics 和 YouTube 为说明 Applied Semantics 和 YouTube 之间的生态系统协同效应，让我们回到谷歌 2003 年购买 Applied Semantics（ASI）这一分水岭。在第二章我们说过，ASI 交易带来了 AdSense，这是一款可根据语义、分析内容、推荐什么类型的广告适合特定页面的网页挖掘软件。

2006 年，谷歌收购 YouTube 之后，开始将广告放在视频或相关页面输出源里（因为视频也使用 AdSense 技术）。广告根据 YouTube 特定视频里包含的元数据，与整个语境相关。搜索意大利佛罗伦萨的视频，不光视频搜索结果旁边会弹出意大利面广告，观看视频时，还可展现切题的旅游横幅广告。

广告可以随着视频转移，因此，如果视频投放到其他网站上，额外的收入仍然能流向创作者和谷歌。AdSense 和 YouTube 在视频广告生态系统里各自出力，合作创造了协同效应。

谷歌呼吁 YouTube 热门视频的创作者们注册 AdSense 账户，以参与这一算法的匹配魔术。谷歌的 AdSense 承诺为 YouTube 频道提供与观众及目标受众相关的广告，提高广告得到浏览的概率。

生态系统协同效应和半有机生长

一个多世纪前，一份报纸曾介绍过托马斯·爱迪生的门洛帕克实验室。不妨将谷歌生态系统协同效应和相关的半有机生长跟这个说法比较一番。爱迪生的实验室扩大到占据了两个街区，“存储了几乎每一种可想象到的材料”。这篇写于 1887 年的报纸文章对实验室里的东西倒抽了一口气：“8 000种化学品，各种型号的螺丝，各种长短的针头，各种绳索线缆，人类、马匹、猪、牛、兔、山羊、骆驼的毛发……各种质地的丝绸，茧，各类蹄子，鲨鱼的牙齿，鹿角，玳瑁……软木，树脂，清漆和油，鸵鸟毛，孔雀尾，黑玉，琥珀，橡胶，所有的矿石……”[5]

谷歌内部的“实验室”里也充斥着无数的人才技术结合机会。公司的实验文化追求已知未知的并购协同效应，不管是直接的，还是来自生态系统的。稳定的新收购源，不断地为谷歌园区提供助力的燃料。

随着谷歌通过技术及人才收购，扩展产品和服务的范围，半有机生长的前景依然明媚灿烂。

注　释

第一章

［1］参见 Stinchcombe(1965)。

［2］Boeker(1989).

［3］Milanov and Fernhaber(2009).

［4］比如可参见 Matt Lynley,“Google's M&A Boss:with Larry Page in Charge,Only a Third of Our Acquisitions Are Busts,” *Business Insider* (March 6,2012)。

［5］Bruner(2004),“Corporate Development as a Strategic Capability:The Approach of GE Power Systems,” Chapter 37. 该章提供了一个并购采用的系统化方法的极佳案例研究。

［6］Chuck Philips,“Apple Reportedly in Talks to Buy Universal Music,” *Los Angeles Times*(April 11,2013). 很可能,史蒂夫·乔布斯是假装对收购环球音乐有兴趣,但并不打算真正完成收购。

［7］有关韦斯顿和协同的其他细节,可参见我在 *M& A Professor* 上的帖子:http://maprofessor.blogspot.com/2009/07/j-fred-weston-origin-of-synergy.html。

［8］对并购成功的综合研究,可参见 Bauer,Florian,and Matzler(2014)。

［9］Bruner(2004),p. 63.

[10] 参见 Bauer 和 Matzler(2014) 对并购绩效研究的主要线索讨论。

[11] Akbulut and Matsusaka(2010).

[12] Netter, Stegemoller, and Wintoki(2011).

[13] "Global Financial Advisory Mergers & Acquisitions Rankings H1 2013," *Bloomberg*(July 2, 2013).

[14] Vipal Monga, "Why Are Takeover Prices Plummeting?" *Wall Street Journal*(November 26, 2013).

[15] 比如可参见 Netter, et al. (2011)。

[16] Martynova and Renneborg(2008).

[17] 比如可参见 Fuller, Netter, and Stegemoller(2002)。

[18] Frick and Torres(2002).

[19] Fuller, Netter, and Stegemoller(2002).

[20] Akbulut(2013).

[21] Herd and McManis(2012).

[22] Rajendra S. Sisodia, "A Goofy Deal," *Wall Street Journal*(August 4, 1995).

[23] Thaler(1988).

[24] Frick and Torres(2002).

第二章

[1] 参见 Bill Slawski, "Search Based on Concepts: Applied Semantics and Google," SEO by the Sea(March 30, 2010),是对 Applied Semantics 早期历史的一个讨论。

[2] Steven Levy(2011)在 *In the Plex* 一书中精彩地描述了谷歌和 Applied Semantics 的早期关系,参见 pp. 103-104。

[3] Levy(2011), p. 103.

[4] 比如,2014 年 2 月 28 日笔者采访了吉尔·埃尔巴兹,他说,CIRCA

技术允许广告客户更多地参与选择匹配网站内容的关键字。

[5] See http://www.linkedin.com/today/post/article/20130313034305-7298-early-employees-eva-ho-applied-semantics.

[6] Bauer and Matzler(2014).

[7] 比如可参见 https://www.theinformation.com/google-beat-facebook-for-deepmind-creates-ethics-board。

[8] Sears and Hoetker(2014).

[9] 关于并购活动中技术重合度和创新绩效之间的纠结关系，可参见 Cloodt et al.(2006)。

[10] Levy(2011), p. 121.

[11] 对吸收能力的这一描述，最初来自 Cohen and Levinthal(1990), "Absorptive Capacity: A New Perspective on Learning and Innovation," *Administrative Science Quarterly* 35(1):128-152。

第三章

[1] 如可参见 Hugh Mclntyre, "Beats by Dr. Dre Is Worth $ 32 Billion, Especially to Apple," *Forbes*(May 16, 2014)。

[2] "Google Acquisitions and Integrations—A Tale of Two Cities," *Beyond the Deal* blog(May 30, 2012)。

第四章

[1] Herbert Simon, "What We Know about the Creative Process," *Frontiers in Creative and Innovative Management* (Cambridge, MA: Ballinger, 1985).

[2] 参见 Geis and Geis(2001), Chapter 2, 对市场建模(不仅限于并购交易)的概念做了讨论。

[3] Peter F. Drucker, "The Next Information Revolution," *Forbes ASAP* (August 1998), pp. 47 - 58.

[4] 如可参见 http://www.trivergence.com/link.asp? LinkID = 901193。

[5] Alistair Barr and Reed Albergotti,"Google to Buy Titan Aerospace as WebGiants Battle for Air Superiority," *Wall Street Journal* (April 14, 2014).

[6] 并购流程整体观始于评估战略和组织契合度,参见 Gomes et al. (2013)。

第五章

[1] PricewaterhouseCoopers, *Global Media and Entertainment Outlook 2014 – 2018* , http://www.pwc.com/gx/en/global-entertainment-media-outlook/territory-segments-digital-forecast-overview, jhtml.

[2] Steven Perlberg,"Rivals Wary of Comcast's Mobile-Ad Prowess," *Wall Street Journal* (July 7, 2014).

[3] Levy(2011), p. 262.

[4] "Sun, Sea and Surfing," *The Economist* (June 21, 2014), p. 65.

第六章

[1] Rolfe Winkler,"Amazon vs. Google: It's a War for the Shopping Search," *Wall Street Journal* (December 20, 2013).

[2] Claire Cane Miller and Stephanie Clifford,"Google Struggles to Unseat Amazon as the Web's Most Popular Mall," *New York Times* (September 9, 2012).

[3] Michael del Castillo,"Now that Google's Bump Is Dead, Are Self-Driving Cars on the Horizon?" *Upstart Business Journal* (January 4, 2014).

[4] Ryan Tate,"Why Google+ Should Give up Its Battle against Facebook," *Wired* (April 25, 2014).

[5] Sarah Lacy,"Google Buys Slide for $182 Million, Getting More Se-

rious about Social Games," *TechCrunch*(August 4,2010).

第七章

[1] Owen Thomas,"Google Exec: Android Was 'Best Deal Ever'," *VentureBeat*(October 27,2010).

[2] Pammy Olsen,"Google's Nest Moves to Become Master of the Smart Home,by Talking to Other Devices," *Forbes*(June 24,2014).

[3] Brad Stone,"Inside Google's Secret Lab," *Bloomberg Businessweek*(May 22,2913).

[4] Colon Lewis,"Google's Robot and Artificial Intelligence Acquisitions Are Anything but Scary," *Robohub*(February 12,2014).

第八章

[1] Matt Lynley,"Google's M&A Boss: with Larry Page in Charge, Only a Third of Our Acquisitions Are Busts," *Business Insider*(March 6, 2012).

[2] Mark Rogowsky,"Apple's Beats Deal Is Tech's Worst Acquisition, Except for All the Others," *Forbes*(May 10,2014).

[3] Brad Stone,"Inside Google's Secret Lab," *Bloomberg Businessweek*(May 22,2013).

[4] Ben Popper,"Failure Is a Feature: How Google Stays Sharp Gobbling up Startups," *The Verge*(September 17,2012).

[5] Miguel Helft,"Google Encounters Hurdles in Selling Radio Advertising," *New York Times*(February 10,2007).

[6] Jessica E. Vascellaro,"Radio Tunes out Google in Rare Miss for Web Titan," *Wall Street Journal*(May 12,2009).

[7] Emir Efrati,"Samsung Sparks Anxiety at Google," *Wall Street Journal*(February 25,2013).

[8] 参见 Rothaermel, Hitt, andjobe(2006)。

[9] https://www.google.com/press/motorola.

[10] Gorden Kelly, "How Google Used Motorola to Smack down Samsung—Twice," *Forbes*(February 10, 2014).

[11] 同上。

[12] Larry Dignan, "Google's Motorola Mobility Detour: Running the Numbers," *Between the Lines*(January 30, 2014).

[13] Rolfe Winkler, "How Google's Costly Motorola Maneuver May Pay Off," *Wall Street Journal*(January 30, 2014).

第九章

[1] 可参见 http://www.quora.com/Mergers-and-Acquisitions-M-A/For-a-public-company-when-does-the-size-of-an-acquisition-have-to-be-disclosed-publicly, 这里对重大收购信息披露事宜有一段精彩的讨论。

[2] Google Form 10-K for the period ending December 31, 2013, p. 70.

[3] Apple Form 10-K for the period ending September 28, 2013, p. 63.

[4] Steven M. Davidoff, "Apple's Quiet Deal for AuthenTec," *New York Times*(August 1, 2012).

[5] 参见注释 1。

[6] Rodrigues and Stegemoller(2007)就证券交易委员会对并购活动的披露规定作了精彩的总结与分析。

[7] 17 C.F.R. § 210.1-02(w).

[8] Rodrigues and Stegemoller.

第十章

[1] Sudi Sudarsanam, "Value Creation and Value Appropriation in M&A Deals," Chapter 8 in Faulkner, Teerikangas, and Joseph(2012).

[2] 这些研究的概述可参见 Depamphilis(2014), pp. 30 - 32。

[3] "Facebook M&A Trends: 60% Raised Less than $5M, Sequoia Capital Invested in Five including WhatsApp & Instagram," *CB Insights* (February 20,2014).

[4] 参见 Michael Liedtke,"Google Holding $30 Billion for Foreign Acquisitions," *San Jose Mercury News*(May 21,2014)。

第十一章

[1] Robert F. Bruner,"Technical Note on Structuring and Valuing Incentive Payments in M&A: Earnout and Other Contingent Payment to the Seller," Darden Business Publishing,2001.

[2] "Earn-Out Agreements: Part 1—An Overview," http://moneysoft.com/earn-out-agreements-part-l-an-overview,*MoneySoft*(访问时间为2014年8月22日)。*MoneySoft* 论盈利能力支付计划的系列文章共有5篇,每一篇都很值得一读。

[3] 同上。

[4] Bruner,op. cit.,pp. 1-2.

[5] 从买卖双方的角度使用蒙特卡洛统计模拟法进行盈利能力估值的案例研究,可参见"Printicomm's Proposed Acquisition of Digitech: Negotiating Price and Form of Payment," Darden Business Publishing, Case number UV0087。

[6] Michael Arrington,"Another Piece to Google's Social Puzzle: To Acquire Jambool for $70 Million," *TechCrunch*(August 8,2010).

[7] Josh Constine,"Google Slaps $100M Golden Handcuffs on Wildfire to Retain Employees after $350M Acquisition." *TechCrunch* (August 6, 2012).

[8] Hannah Karp,Ryan Dezember and Alistair Barr,"Apple Paying Less Than $500 Million for Beats Music Streaming Service," *Wall Street*

Journal(May 30,2014).

[9] Andy Rachleff,"WhatsApp: What an Acquisition Means for Employees," *Wealthfront Knowledge Center*(February 21,2014).

[10] Amir Teig,"Waze Employees Clinch Most Lucrative Exit in Israeli History," *Haaretz*(June 13,2013).

[11] Tomio Geron,"Google Slowly Moving Away From Its Addiction' to M&A Earn-Outs," *Wall Street Journal* (March 2,2010).

[12] Paul Kedrosky,"dMarc Founders Leave Google, Complain about Kool-Aid Taste," *Infectious Greed*(February 9,2007).

[13] Miguel Helet,"Google Encounters Hurdles in Selling Radio Advertising," *New York Times*(February 10,2007).

第十二章

[1] M. L. Mace and G. Montgomery,*Management Problems of Corporate Acquisitions*,(Boston: Harvard University Press,1962),p. 230.

[2] Haspeslagh and Jemison(1991).

[3] 参见 S. Teerikangas and R. Joseph,"Post-Deal Integration," in *The Handbook of Mergers and Acquisitions*,Chapter 14,Faulker,Teerikangas,and Joseph(Eds.),Faulkner,Teerikangas and Joseph,2012,对共生和其他整合模式做了一个精彩的评述。

[4] A. Ranft and M. Lord,"Acquiring New Knowledge: The Role of Retaining Human Capital in Acquisitions of High-Tech Firms," *The Journal of High-Tech Management Research*,11,no. 2(2000):295-319.

[5] Levy(2011),p. 250.

[6] Ben Popper,"Failure Is a Feature: How Google Stays Sharp Gobbling up Startups," *The Verge*(September 17,2012).

[7] Antonio Regalado,"Is Google Cornering the Market on Deep Learn-

ing?," *MIT Technology Review*(January 29,2014).

[8] Teerikangas and Joseph,p. 356.

[9] Haspeslagh and Jemison.

[10] S. Parachuri,A. Nerkar,and D. Hambrick,"Acquisition Integration and Productivity Losses in the Technical Core:Disruption of Inventors in Acquired Companies," *Organization Science*(October 2006),pp. 545-562.

[11] Bauer and Matzler(2014).

[12] Teerikangas and Joseph,p. 365

第十三章

[1] Bruner(2004),p. 917.

[2] 对谷歌除并购之外招聘人才的详细讨论,可参见 Schmidt and Rosenberg(2014)名为"Talent—Hiring Is Most Important Thing You Do"的一章。

[3] J. Coyle and G. Polsky,"Acqui-hiring," *Duke Law Journal*(November 2013),p. 281.

[4] Ibid. , pp. 292-293.

[5] Robert Hof,"Attention Startups:Here's How to Get Acqui-Hired by Google,Yahoo or Twitter," *Forbes*(December 4,2013).

[6] Reid Hoffman,Ben Casnocha,and Chris Yeh,"Tours of Duty:The New Employer-Employee Compact," *Harvard Business Review* (June 2013).

第十四章

[1] Williamson and De Meyer(2012).

[2] Andrew S. Grove,*Only the Paranoid Survive*(New York:Bantam Doubleday Dell Publishing Group,1996).

[3] 比如可参见 Fuller,Netter,and Stegemoller(2002)。

[4] Makani 和 Nest 的潜在生态环境协同效应，我参考了王淼（此处为音译：Miao Wang）的分析。

[5] 引自 Seth Shulman，*Owning the Future*（New York：Houghton Mifflin Company，1999），pp. 158 - 160。

参考文献

Akbulut, M., and J. Matsusaka. 2010. "50+ Years of Diversification Announcements." *Financial Review* 45: 231–262.

Akbulut, M. 2013. "Do Overvaluation-Driven Stock Acquisitions Really Benefit Acquirer Shareholders?" *Journal of Financial and Quantitative Analysis* 48 (4): 1025–1055.

Bauer, F., and K. Matzler. 2014. "Antecedents of M&A Success: The Role of Strategic Complementarity, Cultural Fit, and Degree and Speed of Integration." *Strategic Management Journal* 35: 269–291.

Boeker, Warren. 1989. Strategic Change: The Effects of Founding and History. *Academy of Management Journal* 32 (3): 489.

Bruner, Robert. 2004. *Applied Mergers and Acquisitions*. Hoboken, NJ: Wiley Finance.

Catmull, Ed. 2014. *Creativity Inc*. New York: Random House.

Cloodt, M., J. Hagedoorn, and V. Van Kranenburg. 2006. "Mergers and Acquisitions: Their Effect on the Innovative Performance of Companies in High-Tech Industries." *Research Policy* 35 (5): 642–654.

DePamphilis, Donald M. 2014, *Mergers, Acquisitions, and Other Restructuring Activities*, 7th ed. San Diego: Academic Press.

Faulkner, David, Satu Teerikangas, and Richard Joseph. 2012. *The Handbook of Mergers and Acquisitions*. Oxford: Oxford University Press.

Frick, Kevin A., and Alberto Torres. 2002. "Learning from High-Tech Deals." *The McKinsey Quarterly* 1.

Fuller, K., J. Netter, and M. Stegemoller. 2002. "What Do Returns to Acquiring Firms Tell Us? Evidence from Firms that Make Many Acquisitions." *The Journal of Finance* 57 (4): 1763–1793.

Geis, George T., and George S. Geis. 2001. *Digital Deals*. New York: McGraw-Hill.

Gomes, Emanuel, Duncan N. Angwin, Yaakov Weber, and Shlomo Yedidia Tarba. 2013. "Critical Success Factors through the Mergers and Acquisitions Process: Revealing Pre- and Post-M&A Connections for Improved Performance." *Thunderbird International Business Review* 55 (1) (January/February).

Haspeslagh, Philippe. C., and David. B. Jemison. 1991. *Managing Acquisitions: Creating Value through Corporate Renewal*. New York: The Free Press.

Herd, Thomas J., and Ryan McManis. 2012. "Who Says M&A Doesn't Create Value?" *Outlook*, 1.

Levy, Stephen. 2011. *In the Plex*. New York: Simon & Schuster.

Martynova, Marina, and Luc Renneborg. 2008. "A Century of Corporate Takeovers: What Have We Learned, and Where Do We Stand?" *Journal of Banking & Finance* 32: 2148–2177.

Milanov, H., and S. A. Fernhaber. 2009. "The Impact of Early Imprinting on the Evolution of New Venture Networks." *Journal of Business Venturing* 24 (1): 46–61.

Netter, J. M., M. Stegemoller, and M. B. Wintoki. 2011. "Implications of Data Screens on Merger and Acquisition Analysis: A Large Sample Study of Mergers and Acquisitions from 1992–2009." *Review of Financial Studies* 24: 2316–2357.

Rodrigues, Usha, and Mike Stegemoller. 2007. "An Inconsistency in SEC Disclosure Requirements? The Case of the 'Insignificant' Private Target." *Journal of Corporate Finance* 13: 251–269.

Rothaermel, Frank T., Michael A. Hitt, and Lloyd A. Jobe. 2006. "Balancing Vertical Integration and Strategic Outsourcing: Effects on Product Portfolio, Product Success, and Firm Performance." *Strategic Management Journal* 27: 1033–1056.

Schmidt, Eric, and Jonathan Rosenberg. 2014. *Google: How Google Works*. New York: Grand Central Publishing.

Sears, Joshua, and Glenn Hoetker. 2014. "Technological Overlap, Technological Capabilities, and Resource Recombination in Technological Acquisitions." *Strategic Management Journal* 35: 48–67.

Stinchcombe, Arthur L. 1965. Social Structure and Organizations. In J. G. March (ed.), *Handbook of Organizations*, 142–194. Chicago: Rand-McNally & Co.

Thaler, Richard H. 1988. "Anomalies: The Winner's Curse." *Journal of Economic Perspectives* 2 (1): 191–202.

Williamson, P., and A. De Meyer. 2012. "Ecosystem Advantage: How to Successfully Harness the Power of Partners." *California Management Review* 55 (1): 24–46.

致 谢

本书撰写期间，许多同事、朋友和学生的见解与支持，让我受益无穷。

Debbie Foster、Olaf Westheider 和 Steven O'Toole 为设计市场模型概念，提供了灵感和卓越的技术支持。

弗吉尼亚州立大学达顿商学院巴腾学会的执行董事 Sean Carr，建议我以客座教授身份在校园里开设讲座。该次讲座涉及谷歌的收购战略，上传到了 YouTube，随后，Wiley 出版社金融与投资的执行编辑 Bill Falloon 看到了它。Bill 鼓励我写一本书，对该讲座的内容加以扩充。这就是本书的缘起。

我特别感谢 Wiley 出版社的开发编辑 Bill Falloon 和 Meg Freeborn，他们在整个项目期间都不断地鼓励我。我还要感谢出版社整个团队为完成这项工作所给予的支持。

我以为，达顿商学院院长 Bob Bruner 的并购文章，为本书提及的大量设想奠定了基础。和 Bob 的对话，让我受益匪浅。

我要向许多学生和合作研究员给予的见解及协助表示感谢。谢谢 James Biskey、Debadutta Bhattacharyya、Neelima Clark、Tom Crow、Zubin Davar、John Dearing、Reggie Hall、Kevin Hopkins、Ahreum Hong、Kyle Jansen、Joey Lei、K. Burns McNamee、Alisa Sommer、Emily Scadden、Renu Senjalia、Joshua Schachter、Jacqueline Sutro 和 Miao Wang。如有任何疏漏，还请见谅。

我不是以谷歌内部人士身份撰写本书的。不过，在事实校验期间，我采访了谷歌现在和过去的许多员工，这也让我受益匪浅。我非常感谢他们的意见。

我深深感激加州大学洛杉矶分校安德森管理学院对我数十年的支持。特别感谢 Al Osborne、Elaine Hagan、Martin Lieberman 和 George Ingersoll。

最后，我要谢谢我的妻子 Penny，她一直推迟领养我家的新史宾格犬，直到本书初稿完成。现在我们有更多的时间顺着坎布里亚的海滩散步了。

给予者

只有给予者才能成功运营社群

【美】朱迪·罗宾奈特　著

张大志　译

如何接触和获得高级别的人脉关系？
每段牢固的人脉三个最重要的因素是什么？
如何构建强大的人脉关系网？

美国人脉女王和“超级给予者”，揭示连接人脉网络和社会资本不可不知的法则。

首席内容官

解密英特尔全球内容营销

【美】帕姆·狄勒　著

孙庆磊　译

社交媒体时代，每个公司都需要一位“总编辑”。

如何组建和管理内容营销团队？
如何制定跨界的内容营销战略？
如何创作有效的内容吸引顾客？
如何发现被忽视的受众连接点？

英特尔全球营销战略总裁解读“首席内容官”成功之道。

供应链金融

宋华　著

中国人民大学商学院教授最新力作，互联网+浪潮中实体经济与金融如何结合的深度阐释！

集实践性、理论性、思想性、创新性为一体。

冯国经、余永定、丁俊发等众多专家一致推荐！

超级天使投资

捕捉未来商业机会的行动指南

【美】戴维·罗斯　著

桂曙光　译

硅谷创投元老作品。

全面揭示挖掘未来明星企业九大方法，以及从种子轮到 ABC 轮的必做功课。

创业融资和股权投资必读！

徐小平、蔡文胜、里德·霍夫曼等投资大咖联合推荐！

Semi-Organic Growth +website：Tactics and Strategies Behind Google's Success

by George T. Geis

ISBN：9781118933220

图书在版编目（CIP）数据

重新定义并购：谷歌是如何兼并收购的/（美）乔治·盖斯（George T. Geis）著；闫佳译. —北京：中国人民大学出版社，2016.9

书名原文：Semi-Organic Growth + website：Tactics and Strategies Behind Google's Success

ISBN 978-7-300-23139-6

Ⅰ.①重… Ⅱ.①乔… ②闫… Ⅲ.①网络企业-企业管理-经验-美国 Ⅳ.①F279.712.444

中国版本图书馆 CIP 数据核字(2016)第 163707 号

重新定义并购

谷歌是如何兼并收购的

[美] 乔治·盖斯（George T. Geis） 著

闫 佳 译

Chongxin Dingyi Binggou

出版发行	中国人民大学出版社		
社　　址	北京中关村大街 31 号	**邮政编码**	100080
电　　话	010－62511242（总编室）		010－62511770（质管部）
	010－82501766（邮购部）		010－62514148（门市部）
	010－62515195（发行公司）		010－62515275（盗版举报）
网　　址	http://www.crup.com.cn		
	http://www.ttrnet.com(人大教研网)		
经　　销	新华书店		
印　　刷	涿州市星河印刷有限公司		
规　　格	148 mm×210 mm　32 开本	**版　　次**	2016 年 9 月第 1 版
印　　张	9.375 插页 2	**印　　次**	2016 年 9 月第 1 次印刷
字　　数	180 000	**定　　价**	56.00 元
